Bericht über den 1. Kongress für experimentelle Psychologie

Friedrich Schumann (Hrsg.)

Bericht über den 1. Kongress für experimentelle Psychologie

in

Gießen vom 18. bis 21. April 1904

Wiederabdruck der Erstausgabe Leipzig 1904
im Auftrag der Deutschen Gesellschaft für Psychologie
mit einem Geleitwort von
Horst Gundlach und Wolfgang Schneider

Hogrefe

Göttingen · Bern · Toronto · Seattle · Oxford · Prag

Bibliografische Information Der Deutschen Bibliothek
Die Deutsche Bibliothek verzeichnet diese Publikation in der Deutschen Nationalbibliografie; detaillierte bibliografische Daten sind im Internet über http://dnb.ddb.de abrufbar.

Göttingen · Bern · Toronto · Seattle · Oxford · Prag
Rohnsweg 25, D-37085 Göttingen

http://www.hogrefe.de
Aktuelle Informationen · Weitere Titel zum Thema · Ergänzende Materialien

Gesamtherstellung: Hubert & Co., 37079 Göttingen
Printed in Germany
Auf säurefreiem Papier gedruckt

ISBN 3-8017-1895-6

Geleitwort

Vor genau 100 Jahren wurde die *Deutsche Gesellschaft für Psychologie* gegründet. Auf dem (ersten) Kongress für experimentelle Psychologie in Gießen im Jahr 1904 traf sich unter Anwesenheit bedeutender internationaler Psychologen die Prominenz der deutschsprachigen Psychologie und begründete die *Gesellschaft für experimentelle Psychologie,* die 25 Jahre später, also 1929, ihren Namen in *Deutsche Gesellschaft für Psychologie* veränderte. Die Gießener Ereignisse wurden in einem umfassenden Kongressbericht festgehalten.

Zur Vorbereitung der Feiern dieses Jubiläums richtete die Deutsche Gesellschaft für Psychologie unter Federführung von Rainer Silbereisen im Jahr 2001 die Arbeitsgruppe „Hundert Jahre Deutsche Gesellschaft für Psychologie" ein. Dieser „Task Force" gehörten der damalige 1. Vizepräsident und jetzige Präsident, Wolfgang Schneider aus Würzburg, ihre Schriftführerin, Bettina Hannover (Berlin), ihr Schatzmeister, Werner Greve (Hildesheim), ihr Beisitzer und Kongressausrichter, Thomas Rammsayer (Göttingen), Gerold Mikula (Graz), und aus der Fachgruppe Geschichte der Psychologie, Horst Gundlach, Institut für Geschichte der Psychologie (Passau), sowie Helmut E. Lück, Psychologiegeschichtliches Forschungsarchiv, (Hagen) an. Zu den Hauptaufgaben der Arbeitsgruppe zählte u.a. die Vorbereitung der Gießener Gedenkfeier im April 2004 und spezieller Veranstaltungen während des 44. Kongresses der DGPs in Göttingen, die den hundertjährigen Geburtstag der Fachgesellschaft würdigen.

Die Arbeitsgruppe vertrat von Beginn an die Auffassung, dass ein Neudruck des hundertjährigen Gießener Kongressberichtes einen komfortablen und für die Besucher des Jubiläumskongresses in Göttingen durchaus interessanten Weg darstellen sollte, sich über die Lage, die Themen, die Probleme, die Personalsituation der Psychologie vor hundert Jahren sowie die Anfänge der Deutschen Gesellschaft für Psychologie zu informieren. Der Hogrefe Verlag für Psychologie hat diese Idee dankenswerterweise sehr konstruktiv aufgegriffen und konsequent umgesetzt, so dass die Kongressunterlagen für Göttingen 2004 um eine Rarität bereichert werden konnten. Wir wünschen bei der Lektüre viel Vergnügen!

Horst Gundlach und Wolfgang Schneider

BERICHT

über den

I. Kongreß für experimentelle Psychologie

in Gießen

vom 18. bis 21. April 1904

Im Auftrage des Vorstandes herausgegeben

von

Prof. Dr. F. Schumann

Leipzig

Verlag von Johann Ambrosius Barth

1904.

Inhaltsverzeichnis.

A. Geschichte des Kongresses.

Für den gedeihlichen Fortschritt jeder jungen Wissenschaft, die einen gewissen Punkt ihrer Entwicklung erreicht hat, ist ein Zusammenschluß aller ihr dienender Forscher durchaus notwendig. Von der Richtigkeit dieses Satzes überzeugt und von verschiedenen Seiten aufgefordert, entschloß sich Herr G. E. Müller im Frühjahr 1903 an die Spitze einer Bewegung zu treten, die auf die Einberufung eines Kongresses für experimentelle Psychologie nach Gießen abzielte. Es wurden zunächst die Herren Ebbinghaus, Külpe, Meumann, Sommer, Schumann gewonnen mit Herrn G. E. Müller zu einem Initiativ-Komitee zusammenzutreten, von welchem die weiteren Maßnahmen ausgingen. Dasselbe erweiterte sich dann durch die Herren S. Exner, Groos, E. Hering, v. Kries, Siebeck, Stumpf, Ziehen, worauf mit Unterschrift aller genannten Herren folgendes Einladungsschreiben versandt wurde:

„Hochgeehrter Herr Kollege!

Obwohl die experimentelle Psychologie nun schon seit mehr als zwei Decennien in Deutschland ihre Pflege findet und überhaupt erst von Deutschland aus ihren Weg genommen hat, so fehlt doch bei uns den psychologischen Bestrebungen noch ein Vereinigungspunkt, wie ihn sämtliche naturwissenschaftliche Disziplinen in ihren Spezialkongressen oder in der allgemeinen deutschen Naturforscherversammlung und deren besonderen Sektionen besitzen, und wie ihn die amerikanischen Psychologen bereits in einem jährlich stattfindenden Kongresse haben. Ein solcher Vereinigungspunkt ist aber für die Psychologie nicht weniger ein Bedürfnis wie für die anderen wissenschaftlichen Disziplinen. Denn bei der Mannigfaltigkeit der speziellen Forschungsrichtungen, die schon bis jetzt in der Psychologie zu Tage getreten sind, und bei der wachsenden Zahl der Aufgaben und Fragen, die von den verschiedensten Gebieten menschlichen Wissens, Handelns und Empfindens aus an die Psychologie gestellt werden, ist es dringend angezeigt, daß denjenigen, die an der Arbeit auf dem Gebiete der Psychologie beteiligt sind, Gelegenheit gegeben werde, durch wissenschaftliche Zusammenkünfte und persönlichen Verkehr eine leichtere und vollständigere Einsicht in die auf diesem Gebiete sich regenden Richtungen und erworbenen Anschauungen zu erhalten und durch Austausch von Erfahrungen und Gedanken sich hinsichtlich der Methode und der Zielpunkte ihres Forschens gegenseitig zu fördern.

In der Erkenntnis dieses Bedürfnisses und in der Überzeugung, daß die experimentelle Psychologie das Zentrum darstellt, an welches sich alle übrigen psychologischen Bestrebungen mehr oder weniger eng anzuschließen haben, sind die Unterzeichneten zu dem Entschlusse gelangt, ihre Mitarbeiter auf dem Gebiete der Psychologie zur Beteiligung an einem Kongresse für experimentelle Psychologie aufzufordern. Dieser Kongreß, dessen Verhandlungssprache ausschließlich die deutsche Sprache sein soll, wird vom **18.—20.** April **1904** zu Gießen abgehalten werden. Genauere Mitteilungen hierüber werden später erfolgen."

Als Lokalkomitee traten die Herren Groos, Siebeck und Sommer zusammen, die sich durch Herrn Kinkel ergänzten. Die Geschäfte wurden im wesentlichen von Herrn Sommer geführt.

Die Liste der Einzuladenden wurde derart festgestellt, daß jedes Komitee-Mitglied diejenigen nannte, bei denen es ein aktives Interesse an der experimentellen Psychologie voraussetzte. Der Wortlaut der Einladungen wurde in dem Archiv für die gesamte Psychologie und in der Zeitschrift für Psychologie und Physiologie der Sinnesorgane veröffentlicht.

Die Wirkung dieser ersten Einladung war eine sehr erfreuliche, da eine größere Zahl von ausführlichen Schreiben mit lebhaften Zustimmungserklärungen einliefen. Auch wurde in kurzem eine genügende Zahl von Vorträgen angemeldet.

Diese Erscheinungen ermutigten dazu, auch der Idee einer Ausstellung von psychophysischen Apparaten näher zu treten. Nach Prüfung der praktischen Ausführbarkeit und Verständigung mit Herrn G. E. Müller wurde von Herrn Sommer folgendes Rundschreiben versendet:

„Es ist angeregt worden, mit dem Kongreß eine Ausstellung von Apparaten und sonstigen Hilfsmitteln zu verbinden, die zur Veranschaulichung in der Psychophysik und experimentellen Psychologie benutzter Methoden dienen. Dies kann mit der Einschränkung geschehen, daß im wesentlichen nur Apparate und Methoden berücksichtigt werden, welche entweder neu oder in weiteren Kreisen noch nicht genügend bekannt sind, während eine massenhafte Ansammlung von beliebigen Instrumenten zu dem Plan des Kongresses nicht paßt. Es empfiehlt sich, neben den rein physikalischen Hilfsmitteln der psychologischen Forschung auch solche Methoden zu berücksichtigen, die ohne mechanische Instrumente geeignet sind, bei planmäßiger Anwendung Einblick in die psychologischen Vorgänge zu ermöglichen. Manche von diesen Methoden könnten durch übersichtliche Zusammenstellung des damit erhaltenen Beobachtungsmateriales am besten illustriert werden.

Im Gebiet der technischen Hilfsmittel scheint es erwünscht, daß nicht nur einzelne Instrumente, sondern ganze Versuchsanordnungen zu bestimmten Zwecken in zusammenhängender Weise dargestellt werden, daß besonders auch die praktisch wichtige Frage der Einrichtung psychophysischer Laboratorien, z. B. in Form von Plänen mit Andeutung der Leitungen, der Einordnung der Instrumente u. s. f. zur Behandlung kommt.

Zur Beteiligung werden hierdurch nur die voraussichtlichen Besucher des Kongresses, sowie wissenschaftliche Institute und bekannte Universitäts-Mechaniker eingeladen."

Auf Grund der erfolgten Anmeldungen konnte Neujahr 1904 ein drittes Rundschreiben ergehen:

„Es haben bisher Vorträge und Demonstrationen angemeldet:

1. Ach-Göttingen: 1) Über das Hippsche Chronoskop. 2) Experimentelles über die Willenstätigkeit.
2. Ament-Würzburg: Das psychologische Experiment an Kindern.
3. Asher-Bern: Das Gesetz der spezifischen Sinnesenergie.
4. Benussi-Graz: Ein neuer Beweis der spezifischen Helligkeit (bezw. Dunkelheit) der Farben. Mit Demonstrationen.
5. Dessoir-Berlin: Experimentelle Untersuchungen über die sogenannten Gemeinempfindungen.
6. Ebbinghaus-Breslau: Über die geometrisch-optischen Täuschungen.
7. Elsenhans-Heidelberg: 1) Die Aufgabe einer Psychologie der Deutung als Vorarbeit der Geisteswissenschaften. 2) Bemerkungen über die Generalisation der Gefühle.

8. Groos-Gießen: Die Anfänge der Kunst und die Theorie Darwins.
9. Henri-Paris: Über die Koordination von Bewegungen.
10. Kohnstamm-Königstein i. T.: Ausdrucksdeterminanten und Ausdrucksbewegungen.
11. Külpe-Würzburg: Versuche über die Abstraktion.
12. Lay-Karlsruhe: Das Wesen und die Bedeutung der experimentellen Didaktik.
13. Marbe-Würzburg: Über den Rhythmus der Prosa.
14. Martius-Kiel: 1) Zur Untersuchung des Einflusses psychischer Vorgänge auf Puls und Atmung. 2) Demonstration des Apparates zur Lichtunterbrechung.
15. Meumann-Zürich: 1) Eine Erweiterung der experimentellen Gedächtnismethoden. 2) Grundlagen der Individualpsychologie.
16. G. E. Müller-Göttingen: 1) Bericht über Untersuchungen an einem ungewöhnlichen Gedächtnis (nebst Demonstrationsversuchen an der betreffenden Versuchsperson). 2) Die Theorie der Gegenfarben und die Farbenblindheit.
17. Schumann-Berlin: 1) Ein ungewöhnlicher Fall von Farbenblindheit. 2) Die Erkennung von Buchstaben und Worten bei momentaner Beleuchtung.
18. Siebeck-Gießen: Zur Psychologie des Musikalischen.
19. Sommer-Gießen: 1) Objektive Psychopathologie. 2) Demonstrationen: a. Umsetzung des Pulses in Töne; b. Elektromotorische Wirkungen an den Fingern.
20. Stumpf-Berlin: Über Zurechnung.
21. Tschermak-Halle a. S.: Neue Untersuchungen über Tiefenwahrnehmung mit besonderer Rücksicht auf deren angeborene Grundlage.
22. Watt-Würzburg: Mitteilungen über Reaktionsversuche.
23. Weygandt-Würzburg: Beiträge zur Psychologie des Schlafes.
24. Wreschner-Zürich: Experimentelles über Association von Vorstellungen.
25. Ziehen-Halle a. S.: Messung der Reaktionszeiten bei Geisteskranken und Geistesgesunden.

Ferner werden voraussichtlich Vorträge halten die Herren: Alrutz-Upsala, Kiesow-Turin, Ranschburg-Budapest, W. Stern-Breslau, möglicherweise auch Ettlinger-München, S. Exner-Wien, Witasek-Graz."

Es handelte sich nun um die weitere Organisation der Verhandlungen. Nach Vereinbarung zwischen den Herren G. E. Müller und Sommer wurde von der Einhaltung der chronologischen Reihenfolge der Anmeldungen Abstand genommen und eine inhaltliche Gruppierung gewählt. Diese erschien psychologisch richtiger und zu einer fruchtbringenden Arbeit mehr geeignet als ein Durcheinander von ganz verschiedenartigen Thematen.

In einem letzten Zirkular vom März 1904 wurde folgende Übersicht gegeben:

„Die angemeldeten Vorträge und Demonstrationen haben folgende Gruppen ergeben:

I. Individualpsychologie.

1. Meumann-Zürich: Grundlagen der Individualpsychologie.
2. Binet und V. Henri-Paris, und Larguier des Bancels-Lausanne: Über die Methoden der Individualpsychologie.

II. Psychophysiologie der Sinne.

3. Asher-Bern: Das Gesetz der spezifischen Sinnesenergie.
4. Benussi-Graz: Ein neuer Beweis der spezifischen Helligkeit (bezw. Dunkelheit) der Farben. Mit Demonstrationen.
5. G. E. Müller-Göttingen: Die Theorie der Gegenfarben und die Farbenblindheit.
6. Schumann-Berlin: Ein ungewöhnlicher Fall von Farbenblindheit.
7. A. Guttmann-Berlin: Untersuchungen an sogenannten Farbenschwachen.
8. Ebbinghaus-Breslau: Über die geometrisch-optischen Täuschungen.
9. Tschermak-Halle a. S.: Neue Untersuchungen über Tiefenwahrnehmung mit besonderer Rücksicht auf deren angeborene Grundlage.
10. Schumann-Berlin: Die Erkennung von Buchstaben und Worten bei momentaner Beleuchtung.
11. Martius-Kiel: Demonstration des Apparates zur Lichtunterbrechung.
12. E. Detlefsen-Wismar: Farbenharmonie, begründet auf eine neue Methode messender Farbenzerlegung. Mit Demonstrationen.
13. Struycken-Breda: Bestimmung der Hörschärfe in Mikromillimetern.

14. Dessoir-Berlin: Experimentelle Untersuchungen über die sogenannten Gemeinempfindungen.
15. Alrutz-Upsala: Neue Untersuchungen über Hautsinnesempfindungen (die paradoxe Kälteempfindung, die Empfindungen der Nässe, der Glätte und des Juckens).
16. Heymans-Groningen: Intensitätskontrast und psychische Hemmung.

III. Gedächtnis.

17. G. E. Müller-Göttingen: Bericht über Untersuchungen an einem ungewöhnlichen Gedächtnis (nebst Demonstrationen).
18. Meumann-Zürich: Eine Erweiterung der experimentellen Gedächtnismethoden.
19. Wreschner-Zürich: Experimentelles über Association von Vorstellungen.
20. W. Wirth-Leipzig: Demonstration eines Gedächtnis-Apparates und Spiegel-Tachistoskopes.
21. Kate Gordon-Würzburg: Über das Gedächtnis für affektiv bestimmte Eindrücke.
22. Ranschburg-Budapest: Über die Bedeutung der Ähnlichkeit beim Erlernen, Behalten und bei der Reproduktion.
23. R. Müller-Straßburg: Über das Wesen des Reproduktionsvorganges.

IV. Verstandestätigkeit.

24. Külpe-Würzburg: Versuche über die Abstraktion.
25. Spearman-Leipzig: Die experimentelle Untersuchung psychischer Korrelationen.
26. Elsenhans-Heidelberg: Die Aufgabe einer Psychologie der Deutung als Vorarbeit der Geisteswissenschaften.

V. Bewußtsein und Schlaf.

27. W. Wirth-Leipzig: Zur Frage des Bewußtseins- und Aufmerksamkeits-Umfanges.
28. Weygandt-Würzburg: Beiträge zur Psychologie des Schlafes.
29. Claparède-Genf: Biologische Theorie des Schlafes.

VI. Ausdrucks-Bewegungen und Willenstätigkeit.

30. Henri-Paris: Über die Koordination von Bewegungen.
31. Ach-Göttingen: Experimentelles über die Willenstätigkeit.
32. Martius-Kiel: Zur Untersuchung des Einflusses psychischer Vorgänge auf Puls und Atmung.

33. Sommer-Gießen: Demonstrationen: a) Umsetzung des Pulses in Töne; b) Ausdrucksbewegungen in Form von Licht- und Farben-Erscheinungen.
34. Kohnstamm-Königstein i. T.: Ausdrucksdeterminanten und Ausdrucksbewegungen.
35. Ettlinger-München: Einige Bemerkungen über Nachahmung.

VII. Gefühle und Ästhetik.

36. Elsenhans-Heidelberg: Bemerkungen über die Generalisation der Gefühle.
37. Groos-Gießen: Die Anfänge der Kunst und die Theorie Darwins.
38. Siebeck-Gießen: Zur Psychologie des Musikalischen.
39. Marbe-Würzburg: Über den Rhythmus der Prosa.

VIII. Kinderpsychologie und Pädagogik.

40. Ament-Würzburg: Das psychologische Experiment an Kindern.
41. Lay-Karlsruhe: Das Wesen und die Bedeutung der experimentellen Didaktik.
42. W. Stern-Breslau: Die Sprachentwicklung eines Kindes (insbesondere in grammatischer und logischer Hinsicht).

IX. Kriminalpsychologie.

43. Stumpf-Berlin: Über Zurechnung.
44. H. Gross-Prag: 1) Wert der Zeugenaussagen, deren Prüfung und Einschätzung, 2) Zur Diagnostik psychischer Tatbestands-Komplexe.
45. W. Stern-Breslau: Der gegenwärtige Stand und die künftigen Aufgaben der Aussageforschung.
46. M. Borst-Genf: Über die Art der Fehlerzählung in der Psychologie der Aussage.

X. Psychopathologie.

47. Sommer-Gießen: Objektive Psychopathologie.
48. Wolff-Basel: Zur Kritik der Lehre von den Sprachstörungen.

XI. Reaktionsversuche an Normalen und Geisteskranken.

49. Ach-Göttingen: Über das Hippsche Chronoskop.
50. Ziehen-Berlin: Messung der Reaktionszeiten bei Geisteskranken und Geistesgesunden.

51. Watt-Würzburg: Mitteilungen über Reaktionsversuche.
52. Becher-Bonn: Über das Chronoskop und Tachistoskop von Erdmann und Dodge.

Die Verhandlungs-Sprache ist die deutsche.

Bei dem Kongreß wird eine Beratung über die Weiterführung desselben und über Einrichtung einer deutschen Gesellschaft für experimentelle Psychologie erfolgen."

Zu diesen Anmeldungen kam nachträglich noch hinzu:

S. Exner: Über die Wirkung mehrfacher Rindenoperationen auf den Sehakt.

Die Anmeldungen zu der Ausstellung ergaben, daß die zu demonstrierenden Methoden und Apparate sich leicht in Gruppen bringen ließen, die den bei der Einteilung der Vorträge aufgestellten Gruppen in wesentlichen Punkten entsprachen. Um den Teilnehmern das Studium der Ausstellung zu erleichtern, wurde von Herrn Sommer eine zusammenfassende Darstellung unter zahlreicher Verwendung von Abbildungen gegeben[1]).

Die Anmeldungen zu dem Kongreß waren sehr zahlreich, so daß es leicht möglich gewesen wäre, ihm eine sehr große Ausdehnung zu geben. Es wurde jedoch nach Beschluß des Komitees daran festgehalten, daß die Voraussetzung zur Mitgliedschaft die schon geschehene Veröffentlichung einer wissenschaftlichen Arbeit aus dem Gebiet der Psychologie oder eines Nachbargebietes bilden sollte. Andererseits wurde Personen mit psychologischer Vorbildung und psychologischen Interessen auch ohne die Bedingung des Druckes einer Arbeit die Teilnahme als Hörer ermöglicht. Der Sinn dieser Bestimmung lag nicht in einer Überschätzung der literarischen Produktion, sondern in einer klaren Abgrenzung bei den zu treffenden Entscheidungen. Was die Versammlung dadurch an Extensität verloren hat, hat sie reichlich an Homogenität gewonnen, worin wohl der Hauptgrund für die bei dem Kongresse hervorgetretene Ausdauer und Interessenahme zu finden ist.

---

[1]) Die Ausstellung von experimentell-psychologischen Methoden bei dem Kongreß für experimentelle Psychologie etc., Verlag von J. A. Barth, Leipzig 1904 (Preis M. 2.40).

Eine Übersicht aller Vorträge und Demonstrationen, sowie der Apparate und Methoden findet sich in der kleinen Schrift: Zur Erinnerung an den Kongreß für experimentelle Psychologie etc., Verlag von Ricker, Gießen, die auch das Programm des Kongresses im einzelnen enthält.

Es nahmen an dem Kongresse Teil:

I. Als Mitglieder.[1])

Herr Dr. A. Aall, Privatdozent, Halle a. S.
„ „ A. H. Abbott, Lecturer, Toronto (Kanada).
„ „ N. Ach, Privatdozent, Göttingen.
„ „ Sydney Alrutz, Dozent, Upsala (Schweden).
„ „ W. Ament, Würzburg.
„ „ G. Anton, Professor, Graz.
„ „ Asher*, Privatdozent, Bern.
„ „ E. Becher, Bonn.
„ „ V. Benussi, Graz.
„ „ A. Binet*, Professor, Paris.
„ „ de Boeck*, Professor, Brüssel.
Fräulein M. Borst, Genf.
Herr Dr. K. Brodmann, Nervenarzt, Berlin.
„ „ E. Claparède, Privatdozent, Genf.
„ „ Jonas Cohn, Professor, Freiburg i. B.
„ „ G. Cordes, Pastor, Reiherstieg.
„ „ Dannemann, Privatdozent, Gießen.
„ „ E. Detlefsen, Gymnasiallehrer, Wismar.
„ „ M. Dessoir*, Professor, Berlin.
„ „ W. Mc Dougall, Lecturer, Oxford.
„ „ P. Drude, Professor, Gießen.
„ „ E. Dürr, Privatdozent, Würzburg.
„ „ H. Ebbinghaus, Professor, Breslau.
„ „ J. Eisenmeier, Bibliothekar, Prag.
„ „ Th. Elsenhans, Privatdozent, Heidelberg.
„ „ St. Eperjessy, Schuldirektor, Budapest.
„ „ M. Ettlinger, München.
„ „ S. Exner, Professor, Hofrat, Wien.
„ „ Felsch, Rektor, Magdeburg.
„ „ Th. Flournoy, Professor, Genf.
„ „ Frank, Direktor, Münsterlingen (Schweiz).
„ „ v. Frey, Professor, Würzburg.
„ „ M. Fuhrmann, Arzt, Lindenhaus.
„ „ R. Gaupp, Professor, Heidelberg.

[1]) Die Namen derjenigen Herren, welche bereits ihre Teilnahme angemeldet hatten, dann aber infolge Krankheit etc. am Erscheinen verhindert waren, sind mit aufgeführt und durch einen Stern bezeichnet.

Herr Dr. M. Geiger, Frankfurt a. M.
Fräulein Kate Gordon, Würzburg.
Herr Dr. K. Groos, Professor, Gießen.
" " H. Groß*, Professor, Prag.
" " A. Guttmann, Arzt, Berlin.
" " L. Habrich, Seminaroberlehrer, Xanthen a. Rh.
" " Haardt, Direktor, Emmendingen.
" " V. Henri, Paris.
" " A. v. Herff, Augenarzt, Kairo.
" " E. Hering*, Professor, Geheimrat, Leipzig.
" " C. Heß, Professor, Würzburg.
" " G. Heymans, Professor, Groningen.
" " F. Jodl, Professor, Wien.
" " F. Kemsies*, Direktor, Berlin-Weißensee.
" " Kinkel, Professor, Gießen.
" " G. Kispert, Sanitätsrat, Reutli b. Neu-Ulm.
" " O. Kohnstamm*, Königstein i. Taunus.
" " J. v. Kries*, Professor, Freiburg i. B.
" " F. Krüger, Privatdozent, Leipzig.
" " O. Külpe, Professor, Würzburg.
" " W. A. Lay, Seminarlehrer, Karlsruhe.
" " H. Liepmann, Professor, Pankow b. Berlin.
" " O. Lipmann, Berlin.
" " E. Mach*, Professor, Wien.
" " K. Marbe, Professor, Würzburg.
" " G. Martius, Professor, Kiel.
" " E. Matzat, Direktor, Weilburg.
" " Messer, Professor, Gießen.
" " E. Meumann*, Professor, Zürich.
" " A. Minnemann, Assistent, Kiel.
" " Möller, Nervenarzt, Berlin.
" " G. E. Müller, Professor, Göttingen.
" " R. Müller, Assistent, Straßburg.
" " Natorp, Professor, Marburg a. L.
" " Netschajeff, Professor, Petersburg.
" " J. Orth, Lehrer, Würzburg.
" " A. Pilzecker, Heidelberg.
" " Poppelreuter, Kreisschulinspektor, Osnabrück.
" " P. Ranschburg, Nervenarzt, Budapest.
" " Roetteken, Professor, Würzburg.

Herr Dr. F. Schenck, Professor, Marburg.
" " F. Schumann, Professor, Berlin.
" " H. Schwarz, Privatdozent, Halle a. S.
" " H. Siebeck, Professor, Geheimrat, Gießen.
" " C. Spearman, Leipzig.
" " R. Sommer, Professor, Gießen.
" " W. L. Stern, Privatdozent, Breslau.
" " Struycken, Arzt, Breda (Holland).
" " C. Stumpf*, Professor, Geheimrat, Berlin.
" " A. Tschermak, Professor, Halle a. S.
" " Tuczek, Professor, Marburg a. L.
" " K. Twardowski, Professor, Lemberg.
" " Ufer, Rektor, Elberfeld.
" " Vorbrodt, Pastor, Alt-Jessnitz.
" " H. Walsemann, Seminarlehrer, Potsdam.
" " Watt, Würzburg.
" " F. Wendt, Schulrat, Troppau.
" cand. phil. U. Wertheimer, Prag.
" Dr. W. Weygandt, Privatdozent, Würzburg.
" " W. Wirth, Privatdozent, Leipzig.
" " St. Witasek*, Privatdozent, Graz.
" " A. Wreschner, Privatdozent, Zürich.
" " Wolff*, Professor, Basel.
" " Th. Ziehen*, Professor, Berlin.

II. Als Hörer.

Herr Dr. Bartels, Marburg.
" " D. Bezzola, Arzt, Ermatingen.
" " Bischoff, Assistenzarzt, Tübingen.
" " A. Bittinger, Fachlehrer, Linz (Ober-Österreich).
" cand. phil. Conrad, München.
" cand. med. R. Cords, Köln a. Rh.
" Dr. Curschmann, Kreisassistenzarzt, Gießen.
" " Deetjen, Arzt, Bad Nassau.
" cand. phil. H. Erhard, Schwäbisch-Gmünd.
Frau K. Fairbanks, Berlin.
Herr Dr. Clarence B. Farrar, Heidelberg.
" " Isserlin, Assistenzarzt, Gießen.
" " A. Kohl, Lehrer der Philosophie, Limburg.
" " Joh. Köhler, Lehrer, Rehbach.

Herr Dr. Jan Kozák, Oberlehrer, Ubusin u. Jimramova (Mähren).
„ „ K. von Leupoldt, Militäroberarzt, Gießen.
„ „ Lienhop, Lehrer, Kiel.
„ „ Lilienstein, Nervenarzt, Bad Nauheim.
„ „ Lomer, Assistenzarzt, Gießen.
„ „ G. Neuert, Reallehrer, Gerlachsheim.
„ „ Puchberger, Assistenzarzt, Wien.
„ „ Radünz, Gießen.
„ cand. phil. Reinach, München.
„ Dr. Ruppel, Assistenzarzt, Gießen.
„ „ O. Schultze, Arzt, München.
„ „ Tsukahara, Tokio (Japan).
„ „ Wende, Oberstabsarzt, Gießen.
„ „ P. Ziertmann, Wissenschaftlicher Hilfslehrer, Steglitz.

Über den äußeren Verlauf der Verhandlungen ist folgendes zu berichten.

Die Begrüßung fand am Sonntag dem 17. April abends in dem festlich geschmückten Saal des Hotels „Großherzog von Hessen" statt, welcher während des Kongresses auch in den Mittagspausen den Treffpunkt bildete. Diese Einrichtung war geschehen, um den Teilnehmern möglichst viel Gelegenheit zu persönlicher Aussprache zu geben.

Die Eröffnung fand am 18. April früh 10 Uhr in der großen Aula der Universität statt. Außer den ca. 120 Teilnehmern hatten sich Vertreter der Behörden und der Universität, sowie eine Anzahl von Mitgliedern des Gießener Professoren-Kollegiums und andere geladene Gäste eingefunden.

Der Kongreß wurde im Namen des Lokal-Komitees von Herrn Sommer mit folgenden Worten eröffnet:

„Es ist nicht meine Aufgabe, hier die Zwecke und Ziele der experimentellen Psychologie auseinanderzusetzen, möge der Kongreß in dieser Beziehung für sich selbst sprechen. Nur wenige Worte seien mir über das allgemeine Programm desselben gestattet. Ohne daß dieses von vornherein bestimmt gewesen wäre, haben sich die angemeldeten Vorträge und Demonstrationen zu einer Reihe von inhaltlich verwandten Gruppen zusammengefunden, in denen sich eine Anzahl von leitenden Motiven deutlich ausdrücken. In den Vordergrund haben wir die Individual-Psychologie gestellt, da die Erforschung der persönlichen Anlage, des Eigenartigen und des besonderen Charakters eine der vornehmsten Aufgaben der experimentellen Psychologie darstellt, die hierdurch in eine große Zahl von Teilgebieten des geistigen Lebens und der menschlichen Gesellschaft eingreift. Die zweite große Gruppe bildet die Psychophysiologie der Sinne, in der die Frage behandelt wird, in welcher Weise sich aus der Erregung der Sinnesorgane in uns eine Anschauungs- und Vorstellungswelt aufbaut. Sodann werden in weiteren, gut vertretenen Gruppen das Gedächtnis, die Verstandestätigkeit, die Grade des Bewußtseins, die Aufmerksamkeit u. a. behandelt, sodann in der Gruppe 6 Ausdrucksbewegungen und Willenstätigkeit, in der 7. Gruppe die Gefühle und die Ästhetik. Sodann erfolgt in den nächsten Abteilungen 8—10 die Anwendung dieser allgemeinen analytisch-psychologischen Methoden und Studien auf drei wichtige Gebiete der Forschung und des praktischen Lebens, nämlich: Kinderpsychologie, Kriminalpsychologie und Psychopathologie. In den angemeldeten Thematen tritt der methodische Zusammenhang dieser Gebiete in überraschender Weise hervor. Den Schluß bilden die Studien über die Messung des zeitlichen Ablaufes geistiger Vorgänge, wobei eine bestimmte Laboratoriumseinrichtung die technische Voraussetzung ist.

Die mit dem Kongreß verbundene Ausstellung, die sich in der psychiatrischen Klinik befindet, hat sich in Abteilungen bringen lassen, die dem Vortragsprogramm inhaltlich entsprechen. Es konnten folgende Gruppen gebildet werden: 1. Psychophysiologie der Sinne. 2. Ausdrucksbewegungen. 3. Untersuchung der oben erwähnten geistigen Funktionen, speziell für die Zwecke der Kinderpsychologie und Psychopathologie. 4. Laboratoriumseinrichtung mit Instrumenten zur Zeitmessung und Zeitkontrolle.

Die Ausstellung hängt also mit dem Programm des Kongresses aufs engste zusammen und bildet gewissermaßen die objektive Seite der behandelten Probleme.

Näher auf die einzelnen Vortragsgruppen und die Ausstellung einzugehen, erscheint an dieser Stelle unnötig. Der Verlauf des Kongresses muß ergeben, ob die gewählte Gruppierung und räumliche Ordnung die richtige gewesen ist.

Erlauben Sie mir nun, daß ich im Namen des Lokal-Komitees alle Teilnehmer, Hörer und Gäste, die hier vereinigt sind, auf das herzlichste begrüße. Wenn es möglich war, die Ankommenden gleich am Bahnhof mit einem dekorativen Gruß zu bewillkommnen und auch den Eingang der Aula und der psychiatrischen Klinik zum Empfange herzurichten, so haben wir dies dem gemeinsamen Entgegenkommen der Stadt- und der Staatsbehörde zu verdanken. Die hier erschienenen Vertreter dieser Behörden begrüßen wir lebhaft und danken für das gezeigte Entgegenkommen. Ferner danken wir dem engeren Senat der Universität für die freundliche Bewilligung dieses Versammlungsraumes. Zugleich geziemt es sich, der Fürsorge unserer Regierung zu gedenken, die fortschreitend an der Verbesserung der Unterrichtseinrichtungen an der Landesuniversität gearbeitet hat. Denn wenn es überhaupt möglich wurde, an der hiesigen Universität diesen Kongreß abzuhalten, so beruht dies wesentlich darauf, daß für die Zwecke desselben geeignete Institute und Einrichtungen zur Verfügung standen. Vor allem aber drücken wir dem Schirmherrn der Landesuniversität, unserem allverehrten Großherzog Ernst Ludwig von Hessen, der sein Interesse an ästhetischen und psychologischen Dingen so oft betätigt hat, unsere Ehrerbietung aus.

Es liegt mir nach dieser Einleitung nur noch die Pflicht ob, im Namen der Mitglieder die Leitung des Kongresses in würdige und erfahrene Hände zu legen. Bei allen wesentlichen Vorbereitungen sind wir dem Rate des Herrn Kollegen Georg Elias Müller in Göttingen gefolgt; möge er es daher nicht übel nehmen, wenn wir ausnahmsweise seinem Wunsche nicht Folge leisten, indem wir ihn hiermit bitten, die Leitung des Kongresses zu übernehmen und den Vorstand nach seinem Gutdünken zu bestimmen. Ich erkläre hiermit den Kongreß für experimentelle Psychologie für eröffnet und bitte Herrn Kollegen Georg Elias Müller, den Vorsitz der Versammlung zu übernehmen."

Darauf übernahm Herr G. E. Müller den Vorsitz und ergänzte zunächst den Vorstand durch Hinzuziehung der Herren Ebbinghaus, S. Exner, Külpe, Sommer und berief als Schriftführer die Herren Ach, Schumann, Wirth.

Die Sitzungen fanden vom 18.—20. April vormittags in der großen Aula der Universität, am 18. und 20. nachmittags, sowie am 21. früh in der psychiatrischen Klinik, endlich am Nachmittag des 19. April im physikalischen Institut des Herrn Professor Dr. Drude statt.

Die zeitliche Einteilung war absichtlich so getroffen worden, daß den Teilnehmern eine genügende Zeit zur Ausspannung und Ruhe in der Mittagszeit blieb, da die Vorträge erst um 4 Uhr, 3 Stunden nach Schluß der Morgensitzung, begannen, während die

Ausstellung den Interessenten von 3 Uhr an offen stand. Außerdem konnte diese bei ihrer Gruppierung um den Hörsaal der psychiatrischen Klinik auch in den Vortragspausen leicht erreicht werden.

Aus Gründen der psychischen Hygiene wurde um $^1/_2$6 Uhr eine Teepause eingeschaltet, die allgemein großen Anklang fand.

Die geselligen Veranstaltungen waren so eingerichtet, daß sie ein zwangloses Zusammensein ohne Überanstrengung ermöglichen sollten. Es fand am 19. eine Abendunterhaltung im Hause Sommer, am 20. abends ein Essen im Hotel „Großherzog", am 21. ein Ausflug nach der Burg „Gleiberg" statt.

Kurz vor Beginn des Kongresses hatte Herr G. E. Müller noch Statuten für eine neu zu gründende „Gesellschaft für experimentelle Psychologie" ausgearbeitet. Diese waren gedruckt und jeder Teilnehmer hatte bei seiner Ankunft in Gießen ein Exemplar erhalten. Der Wortlaut der Statuten war der folgende:

§ 1. Die Gesellschaft bezweckt die Förderung der experimentellen Psychologie und aller verwandten methodisch-psychologischen Bestrebungen.

Diesem Zweck dienen von Zeit zu Zeit stattfindende Versammlungen, ferner auch Sammelforschungen nach gemeinsamen Gesichtspunkten, Veröffentlichungen im Auftrage der Gesellschaft und sonstige Maßnahmen.

§ 2. Mitglied kann werden, wer eine Arbeit von wissenschaftlichem Werte aus dem Gebiet der Psychologie oder deren Grenzgebieten veröffentlicht hat. Die Veröffentlichung braucht nicht in deutscher Sprache erfolgt zu sein.

Wer die Mitgliedschaft erwerben will, wendet sich durch Vermittlung des Schriftführers an den Vorstand, der über die Aufnahme mit einfacher Majorität entscheidet.

Der Austritt erfolgt durch Anzeige bei dem Schriftführer. Auch gilt als ausgetreten, wer zwei Jahre seinen Mitgliedsbeitrag nicht entrichtet hat.

§ 3. Jedes Mitglied zahlt für jedes Kalenderjahr innerhalb der ersten 6 Monate einen Beitrag von 5 Mark an den Schriftführer der Gesellschaft. Auch kann die Zahlung der Jahresbeiträge durch

Entrichtung eines einmaligen Betrages von 80 Mark abgelöst werden, von dem aber bei etwaigem Austritt eine Rückzahlung nicht stattfindet.

§ 4. Der Vorstand besteht aus 7 Mitgliedern, einem Vorsitzenden, seinem Stellvertreter, einem Schriftführer, der zugleich die Kassengeschäfte versieht, und vier anderen Mitgliedern. Dieselben werden von der Versammlung der Mitglieder durch schriftliche Abstimmung auf 2 Jahre gewählt. Eine Wiederwahl der Mitglieder des Vorstandes ist zulässig.[1])

§ 5. Der Vorstand ist mit der Vertretung aller Interessen der Gesellschaft beauftragt. Er entscheidet über die Aufnahme in die Gesellschaft[2]) und er hat das Recht, auch an solche Männer dieser oder jener Wissenschaft, welche nicht Mitglieder der Gesellschaft sind, Einladungen zu den wissenschaftlichen Teilen der Zusammenkünfte zu übersenden. Er hat die Aufgabe, die Versammlungen vorzubereiten durch Aufstellung eines Programmes, in welches womöglich Referate über den gegenwärtigen wissenschaftlichen Stand einzelner Hauptfragen der Psychologie oder ihrer Grenzgebiete aufzunehmen sind.

Ferner veröffentlicht der Vorstand durch den Schriftführer den Bericht der Gesellschaft über den wissenschaftlichen Teil der Versammlungen. Derselbe ist den Mitgliedern zu einem ermäßigten Preise zugänglich zu machen; die Liste der Mitglieder ist beizudrucken.

Beschließt die Versammlung, daß die Gesellschaft als solche durch Sammelforschung eine bestimmte wissenschaftliche Untersuchung in Angriff nehme, so wählt sie zu diesem Zwecke eine besondere Kommission, welcher Mitglieder des Vorstandes angehören können, aber nicht anzugehören brauchen.

§ 6. Über den Termin und den Ort der nächsten Versammlung entscheiden jedesmal durch einfache Majorität die anwesenden Mitglieder der Gesellschaft. Der Vorstand macht in dem Archiv für die gesamte Psychologie und in der Zeitschrift für Psychologie und Physiologie der Sinnesorgane den Ort und Termin und womöglich auch das Programm der nächsten Tagung den Mitgliedern rechtzeitig bekannt.

---

[1]) Dieser Paragraph hatte ursprünglich eine andere Fassung.

[2]) Alle diejenigen Herren, welche bereits zu dem Kongresse in Gießen eine Einladung als Mitglieder erhalten haben, werden auf ihren Antrag vom Schriftführer ohne weiteres in die Gesellschaft aufgenommen.

§ 7. Die Teilnahme an den Versammlungen ist für die Mitglieder der Gesellschaft unentgeltlich. Den von jedem der sonstigen Teilnehmer zu entrichtenden Betrag stellt der Vorstand fest.

§ 8. Die Vortrags- und Unterhaltungssprache der Versammlungen ist ausschließlich die deutsche.

Die Konstituierung der Gesellschaft auf Grund vorstehender Statuten fand am Mittwoch den 20. April nach Schluß der Morgensitzung statt. Der Herr Vorsitzende erläuterte zunächst Zweck und Charakter der neuen Gesellschaft und forderte dann zum Beitritt auf, wobei er bemerkte, daß natürlich auch alle diejenigen Mitglieder des Kongresses, welche der neuen Gesellschaft nicht beitreten würden, doch bei allen künftigen Kongressen eingeladen werden sollten. Da fast alle Anwesenden ihre Zustimmung erklärten, so war die Gesellschaft konstituiert. Sodann wurde der Vorstand des Kongresses per Akklamation als Vorstand der neuen Gesellschaft gewählt und ihm das Recht der Kooptation zugesprochen. Von diesem Rechte machte der Vorstand Gebrauch und kooptierte die Herren E. Meumann und F. Schumann, letzteren als Schriftführer.

Auf Antrag des Herrn Külpe beschloß die Gesellschaft einstimmig ein Begrüßungstelegramm an Herrn Geheimrat Wundt als Nestor der experimentellen Psychologie zu senden.

Ferner wurde beschlossen, den nächsten Kongreß in Würzburg während der Osterferien 1906 abzuhalten. Dabei wurde die nähere Bestimmung des Zeitpunktes innerhalb der Osterferien dem Vorstande überlassen.

Bis zum 1. Oktober 1904 sind der Gesellschaft die folgenden Herren beigetreten:

I. Vorstand.

Herr Dr. G. E. Müller, Professor, Göttingen, Vorsitzender.
„ „ R. Sommer, Professor, Gießen, stellvertretender Vorsitzender.
„ „ H. Ebbinghaus, Professor, Breslau.
„ „ S. Exner, Professor, Hofrat, Wien.
„ „ O. Külpe, Professor, Würzburg.
„ „ E. Meumann, Professor, Zürich.
„ „ F. Schumann, Professor, Berlin, Schriftführer.

II. Mitglieder.

Herr Dr. A. Aall, Privatdozent, Halle a. S.
„ „ A. H. Abbott, Lecturer, Toronto (Kanada).
„ „ O. Abraham, Frauenarzt, Berlin.
„ „ N. Ach, Privatdozent, Göttingen.
„ „ S. Alrutz, Dozent, Upsala.
„ „ W. Ament, Würzburg.
„ „ G. Anton, Professor, Graz.
„ „ E. Becher, Bonn.
„ „ V. Benussi, Graz.
„ „ K. Brodmann, Nervenarzt, Berlin.
„ „ E. Claparède, Privatdozent, Genf.
„ „ J. Cohn, Professor, Freiburg i. B.
„ „ M. Dessoir, Professor, Berlin.
„ „ W. Mc Dougall, Lecturer, Oxford.
„ „ E. Dürr, Privatdozent, Würzburg.
„ „ Th. Elsenhans, Privatdozent, Heidelberg.
„ „ M. Ettlinger, München.
„ „ Felsch, Direktor, Magdeburg.
„ „ M. v. Frey, Professor, Würzburg.
„ „ M. Geiger, Frankfurt a. M.
Fräulein Dr. K. Gordon, Oshkosh, Wisconsin U. S. A.
Herr Dr. K. Groos, Professor, Gießen.
„ „ A. Guttmann, Arzt, Berlin.
„ „ E. Hering, Professor, Geheimrat, Leipzig.
„ „ V. Henri, Dozent, Paris.
„ „ L. Habrich, Seminaroberlehrer, Xanthen a. Rh.
„ „ Haardt, Direktor, Emmendingen.
„ „ G. Heymans, Professor, Groningen.
„ „ Fr. Hillebrand, Professor, Innsbruck.
„ „ E. v. Hornbostel, Berlin.
„ „ Hughes, Arzt, Soden i. Taunus.
„ „ F. Jodl, Professor, Wien.
„ „ F. Kemsies, Direktor, Berlin-Weißensee.
„ „ G. Kispert, Sanitätsrat, Reutli bei Neu-Ulm.
„ „ Kinkel, Professor, Gießen.
„ „ Kiesow, Professor, Turin.
„ „ Kowalewski, Privatdozent, Königsberg.
„ „ F. Kramer, Assistenzarzt, Breslau.
„ „ F. Krueger, Privatdozent, Leipzig.

Herr Dr. W. A. Lay, Seminaroberlehrer, Karlsruhe.
„ „ J. Larguier des Bancels, Privatdozent, Lausanne.
„ „ A. Loechen, Professor, Kristiania.
„ „ O. Lipmann, Berlin.
„ „ Th. Lipps, Professor, München.
„ „ Lobsien, Kiel.
„ „ K. Marbe, Professor, Würzburg.
„ „ G. Martius, Professor, Kiel.
„ „ A. Meinong, Professor, Graz.
„ „ P. Möller, Nervenarzt, Berlin.
„ „ R. Müller, Assistent, Straßburg.
„ „ Netschajeff, Professor, Petersburg.
„ „ G. Neuert, Reallehrer, Gerlachsheim (Baden).
„ „ J. Orth, Lehrer, Würzburg.
„ „ Paulsen, Professor, Berlin.
„ „ A. Pilzecker, Augenarzt, Heidelberg.
„ „ Poppelreuter, Kreisschulinspektor, Osnabrück.
„ „ P. Ranschburg, Nervenarzt, Budapest.
„ „ Roetteken, Professor, Würzburg.
„ „ K. L. Schäfer, Privatdozent, Berlin.
„ „ H. Schwarz, Privatdozent, Halle a. S.
„ „ Siebeck, Professor, Geheimrat, Gießen.
„ „ C. Spearman, Leipzig.
„ „ W. L. Stern, Privatdozent, Breslau.
„ „ C. Stumpf, Professor, Geheimrat, Berlin.
„ „ A. Tschermak, Professor, Halle a. S.
„ „ K. Twardowski, Professor, Lemberg.
„ „ Ufer, Rektor, Elberfeld.
„ „ Vorbrodt, Pastor, Alt-Jeßnitz (Prov. Sachsen).
„ „ H. Walsemann, Seminarlehrer, Potsdam.
„ „ Watt, Würzburg.
„ „ F. Wendt, Schulrat, Troppau.
„ cand. phil. U. Wertheimer, Prag.
„ Dr. Weygandt, Privatdozent, Würzburg.
„ „ W. Wirth, Privatdozent, Leipzig.
„ „ St. Witasek, Privatdozent, Graz.
„ „ Wolff, Professor, Basel.
„ „ A. Wreschner, Privatdozont, Zürich.
„ „ Th. Ziehen, Professor, Berlin.

B. Vorträge nebst anschließenden Diskussionen.

I.

Individualpsychologie.

Über die Methoden der Individualpsychologie.

Von

Victor Henri.*)

Redner gibt einen Überblick über die Untersuchungen zur Individualpsychologie, die er in Gemeinschaft mit A. Binet und Larguier des Bancels seit 9 Jahren ausgeführt hat. Er verwirft die Methode der „Mental Tests", sowie überhaupt alle Methoden, die nur auf eine kurze einmalige Prüfung vieler Personen ausgehen, und verlangt eingehende, über größere Zeitabschnitte sich erstreckende Untersuchungen an einzelnen Personen. Dieser Forderung entsprechend haben die französischen Forscher an den Zöglingen zweier „Normalschulen", die ihnen längere Zeit zur Verfügung standen, ihre Untersuchungen ausgeführt. Mit den verschiedensten Hilfsmitteln haben die Herren versucht, sich über die mannigfaltigsten körperlichen und geistigen Eigenschaften der Zöglinge zu orientieren. Aber trotz der jahrelangen Arbeit und vieler Verbesserungen der Methoden ist man auch nach Henris Ansicht nicht zu einer ausreichenden Charakterisierung der verschiedenen Individuen gelangt.

Diskussion:

Herr Stern spricht seine Freude darüber aus, daß nun auch Binet und Henri die Methode der „Mental tests", die gegen eine Psychologie der individuellen Differenzen nur mißtrauisch machen konnte, endgültig aufgeben. — Obwohl jede Experimentalmethode,

*) Da Herr Dr. Henri ein Autoreferat über seinen Vortrag leider nicht eingereicht hat, so mußte sich der Herausgeber damit begnügen, den obigen kurzen Bericht zusammenzustellen.

welche die Psychologie überhaupt ausgebildet hat, auch zur Untersuchung der individuellen und typischen Differenzierungen benutzt werden kann, so besteht doch zwischen der Methodik der allgemeinen und der differentiellen Psychologie ein prinzipieller Unterschied. Während die generelle Psychologie stets auf die Untersuchung der Elemente und Elementarfunktionen zurückzugehen strebt, muß sich die differentielle Psychologie vorwiegend mit den komplexeren und höheren Formen geistiger Leistung beschäftigen, denn — wie schon Binet-Henri seinerzeit betonten — je höher eine Funktion, um so deutlicher ihre individuelle Differenzierung, um so größer ihre Variationsbreite. So sind z. B. bei den experimentellen Untersuchungen der psychischen Differenzen beider Geschlechter bisher so wenig eindeutige und wesentliche Resultate herausgekommen, weil man die analytischen Elementarmethoden der allgemeinen Psychologie auf dies Problem übertrug. — Schließlich weist Stern auf die Aufgaben hin, welche der neu zu begründenden Gesellschaft für experimentelle Psychologie aus der differentiellen Psychologie erwachsen. Sowohl die für diesen Zweig unumgänglich nötigen Massenversuche, wie auch die terminologische Angelegenheit — neben dem vieldeutigen Wort Individualpsychologie gibt es die Bezeichnungen: differentielle, spezielle, Variations-, Typen-Psychologie — sind nur durch fachliche Organisation zu erledigen.

Herr Lay: Das Problem der Individualpsychologie hat auf dem Gebiete der Didaktik praktische Bedeutung erlangt. Vor 14 Tagen hat Stadtschulrat Dr. Sickinger aus Mannheim gefordert, daß die Schüler der Volksschule nach ihrer „Leistungsfähigkeit" zum Zwecke des Unterrichts in mindestens 3 Gruppen zu teilen seien, nämlich in: 1. „besser befähigte", 2. „minder befähigte" (unter dem Durchschnittsmaß) und 3. „schwach befähigte" (schwachsinnige) Schüler. Ärzte und Lehrer gestehen, daß schon die Trennung der schwachsinnigen Schüler von den normalen (Gruppe 1 und 2) zuweilen Schwierigkeiten macht und zu Irrtümern führt. Daß die Lehrer bei der Beurteilung der Befähigung oder Leistungsfähigkeit der normalen Schüler vielfach irren, ist bekannt. Trotzdem ich damals in der Diskussion betonte, daß die Individualpsychologie noch keinen Maßstab, noch kein zuverlässiges Verfahren an die Hand gebe und die psychologische Bildung der Lehrer noch nicht genügend fortgeschritten sei, um die Leistungsfähigkeit oder Befähigung der einzelnen normalen Schüler zu bestimmen, so wurde seinen Forderungen zugestimmt, und man hat die praktische Durchführung der Trennung gutgeheißen.

Herr Heymans führt an, daß neben den genannten Methoden auch die biographische und die Enquêtemethode, mit der nötigen Vorsicht angewendet, für die Feststellung von Correlationen nützlich sein können.

Herr Henri: Ich möchte Herrn Kollegen Heymans erwidern, daß wir auch an die Anwendung der Biographieen und der Enquêten gedacht hatten. Aber wir glauben doch jetzt, daß diese Methoden viel weniger geben, als sie versprechen. Denn erstens sind die Biographieen nicht von Psychologen gemacht, und deswegen sind in ihnen viele psychologisch wichtige Punkte weggelassen worden; zweitens fehlt dabei diejenige Kontrolle, welche so wichtig ist und bei uns dadurch erzielt wird, daß dieselben Fragen nach 6 Monaten oder einem Jahr wieder gestellt werden. In einem so schwierigen und komplizierten Gebiet muß man ja recht vorsichtig im Sammeln von Material sein.

II.
Psychophysiologie der Sinne.

Die Theorie der Gegenfarben und die Farbenblindheit.

Von

G. E. Müller.

Die anomalen Farbensysteme sind entweder solche mit anomaler Absorption oder Alterationssysteme oder Ausfallsysteme. Bei den Systemen der ersteren Art ist eine anomale lichtabsorbierende Substanz den lichtempfindlichen Schichten der Netzhaut vor- oder eingelagert. Bei denjenigen der zweiten Art ist die Reaktion der lichtempfindlichen Netzhautschichten auf einfallendes Licht infolge des Vorhandenseins andersgearteter Sehstoffe oder infolge der anomalen Beimischung sensibilisatorisch oder katalytisch wirksamer Substanzen eine andere als gewöhnlich (äußere Alteration[1]). Ein Ausfallsystem endlich liegt vor, wenn entweder die äußeren Erregbarkeiten zum Teil ausgefallen sind, d. h. ein Teil der chemischen Prozesse, welche durch Licht in der normalen Netzhaut erweckt werden können, sich völlig vermissen läßt (äußerer Ausfall), oder die inneren Erregbarkeiten eine Reduktion ihrer Zahl erfahren haben, d. h. die photochemischen Netzhautprozesse in der nervösen Sehbahn nicht alle diejenigen Erregungen hervorrufen können, die sie unter normalen Bedingungen zu bewirken vermögen (innerer Ausfall), oder endlich beide Arten von Ausfall zugleich im Spiele sind. Anomale Absorption, Alteration und Ausfall können auch nebeneinander vorkommen.

---

[1]) Eine innere Alteration würde dann vorliegen, wenn die nervöse Sehbahn aus irgendwelchen Gründen auf die photochemischen Netzhautprozesse in anderer Weise reagierte, als unter normalen Verhältnissen geschieht.

Es ist wichtig, die Kriterien, auf Grund deren man entscheiden kann, welcher der genannten Hauptarten ein anomales Farbensystem zugehört, festzuhalten und scharf anzuwenden; und jede Theorie der Farbenempfindungen unterliegt in erster Linie dem Postulate, daß sie jedes anomale System, das sich als ein Ausfallsystem erweist, als ein solches müsse erklären können.

Diesem Postulate genügt die Theorie der Gegenfarben, wenn man sie in folgender Weise modifiziert.

1. Die chemischen Netzhautprozesse, welche die Sehnervenerregungen hervorrufen, bestehen aus 3 Paaren antagonistischer Vorgänge. Die äußeren Erregbarkeiten können also nur paarweise ausfallen.

2. Die inneren Erregbarkeiten dagegen können isoliert ausfallen.

3. Jeder der 4 chromatischen Netzhautprozesse hat 3 innere Reizwerte, und zwar wirkt der Rotprozeß im Sinne der Entstehung von Rot-, Gelb- und Weißerregung, der Gelbprozeß im Sinne des Eintretens von Gelb-, Grün- und Weißerregung, der Grünprozeß im Sinne der Hervorrufung von Grün-, Blau- und Schwarzerregung, und der Blauprozeß im Sinne der Entstehung von Blau-, Rot- und Schwarzerregung.

Man muß zwischen den äußeren Valenzen und den inneren Reizwerten der Lichter scharf unterscheiden und die gegenseitige Verstärkung oder Hemmung der gleichzeitig gegebenen inneren Reizwerte stets wohl beachten. Ein Licht z. B., das neben seiner äußeren Weißvalenz eine äußere Gelb- und Grünvalenz besitzt, hat mittels des von ihm erweckten Gelbprozesses einen i. (inneren) Gelb-, Grün- und Weißwert und mittels des von ihm bewirkten Grünprozesses einen i. Grün-, Blau- und Schwarzwert und mittels des von ihm hervorgerufenen Weißprozesses noch einen i. Weißwert. Von diesen 7 Reizwerten verstärken sich die beiden Weißwerte sowie die beiden Grünwerte gegenseitig, während der Schwarzwert und die beiden Weißwerte, der Blauwert und der Gelbwert einander entgegenwirken. Die Tatsache, daß der Rot- und der Gelbprozeß einen i. Weißwert, der Blauprozeß dagegen einen Schwarzwert besitzt, ergibt sich übrigens auch direkt aus gewissen Beobachtungen bei galvanischer Reizung des Sehorganes.

Im Spektrum ist nun die langwellige Endstrecke dadurch charakterisiert, daß alle derselben angehörigen Lichter nur den Rotprozeß hervorrufen. Die üblichen Auffassungen dieser Endstrecke, nach denen alle Lichter derselben trotz der zum Teil recht erheblichen Differenzen ihrer Wellenlängen 3 verschiedene Netzhautprozesse in gleichen Intensitätsverhältnissen erwecken, sind schon von vornherein betrachtet wenig wahrscheinlich. Auf diese Endstrecke folgt eine Strecke im Spektrum, deren Lichter (abgesehen von dem bald hinzutretenden Weißprozeß) Rotprozeß und Gelbprozeß gleichzeitig erwecken. Beide Prozesse wirken durch ihren i. Gelbwert in gleicher Richtung auf die nervöse Sehbahn ein, während sich der i. Rotwert des einen und der i. Grünwert des andern entgegenwirken. Bis zum Urgelb hin überwiegt jener Rotwert über diesen Grünwert, vom Urgelb ab dagegen der Grünwert über den immer schwächer werdenden Rotwert. Der Punkt der reinen Gelbvalenz, wo das Licht nur noch Gelbprozeß erweckt, liegt (entsprechend dem i. Grünwerte des Gelbprozesses) im Grüngelb; von ihm ab rufen die Lichter Gelb- und Grünprozeß hervor. Hierbei wirken sich der i. Gelbwert des ersten und der i. Blauwert des zweiten Prozesses entgegen, und zwar überwiegt bis zum Urgrün hin der i. Gelbwert des Gelbprozesses, vom Urgrün ab dagegen der i. Blauwert des Grünprozesses. Der Punkt der reinen Grünvalenz liegt im Blaugrün. Von hier ab erwecken die Lichter Grünprozeß und Blauprozeß, und zwar in der Weise, daß bis zum Urblau der i. Grünwert des Grünprozesses über den i. Rotwert des Blauprozesses überwiegt, vom Urblau ab dagegen das Umgekehrte stattfindet. Die Tatsache, daß die Rötlichkeit im kurzwelligen Endteile des Spektrums wiederkehrt, ist also aus unserer Lehre von den dreifachen i. Reizwerten der Netzhautprozesse ohne weiteres ableitbar. Schließt das Spektrum am kurzwelligen Ende überhaupt mit einer Strecke, deren Lichter nur noch eine reine Blauvalenz besitzen, so beginnt diese Strecke jedenfalls bei einem dem kurzwelligen Ende sehr benachbarten Violett.

Von diesen Anschauungen aus erklären sich nun die zur Zeit bekannten Ausfallsysteme ohne weiteres in folgender Weise.

1. Die Deuteranopie beruht auf einem bloßen Ausfalle der inneren Rot- und Grünerregbarkeit.

2. Bei der Protanopie tritt noch der Ausfall der äußeren Rot- und Grünerregbarkeit hinzu. Hier hat der Wegfall des i. Gelb- und Weißwertes des Rotprozesses und des i. Blau- und Schwarzwertes des Grünprozesses die Verkürzung des Spektrums am langwelligen Ende, die bekannten Veränderungen der spektralen Helligkeitsverteilung und die Verschiebung der neutralen Stelle ins Blaugrün (an den Punkt der reinen Grünvalenz) zur Folge.

3. Die Gelbblaublindheit (z. B. des von Hering und Vintschgau untersuchten Falles und des Falles von G. Hermann), bei welcher bis zu einer im Urgelb liegenden neutralen Stelle Rot, von da ab bis zu einer im Urblau gelegenen zweiten neutralen Stelle Grün und jenseits dieser Stelle wiederum Rot empfunden wird, beruht einfach auf einem Ausfall der inneren Gelb- und Blauerregbarkeit.

4. Derjenigen Farbenblindheit, bei welcher sich eine neutrale Stelle im Grüngelb findet und links von dieser entweder Rosa oder Gelbrot, rechts dagegen entweder Grün oder Blaugrün empfunden wird (dem von Holmgren beobachteten Fall von einseitiger „Violettblindheit", 9 von König untersuchten Fällen von „Blaublindheit", dem Falle von Uhry u. a. m.), liegt ein Ausfall der äußeren Gelb- und Blauerregbarkeit zu Grunde. Je nachdem mit diesem äußeren Ausfall ein völliger Ausfall oder nur eine Schwäche der inneren Gelb- oder Blauerregbarkeit verbunden ist, wird links von der neutralen Stelle Rosa oder Gelbrot und rechts von derselben reines Grün oder Blaugrün empfunden.

5. Die Fälle, wo nur eine Farbe, z. B. Grün, ganz ausgefallen ist (z. B. der Fall Schumann) oder 3 Farben, z. B. Rot, Grün und Gelb, ganz fehlen, kommen, soweit nicht noch besondere Komplikationen vorliegen, durch einen Ausfall der entsprechenden inneren Erregbarkeiten zu stande.

6. Die Fälle von totaler Farbenblindheit mit normaler spektraler Helligkeitsverteilung (die Fälle von Magnus, Kreissig, Abney, König und Siemerling, Schöler und Uhthoff u. a. m., auch die Netzhautperipherie der Normalen gehört annähernd hierher) beruhen auf einem alleinigen Ausfalle der 4 inneren chromatischen Erregbarkeiten. Da hier die 4 chromatischen Netzhautprozesse noch mit ihren i. Weißwerten zur Geltung kommen, so kann die spektrale Helligkeitsverteilung sich nicht wesentlich verändert zeigen.

7. Die Fälle von totaler Farbenblindheit, wo die den Protanopen eigentümliche spektrale Helligkeitsverteilung besteht (zwei von König beobachtete Fälle, die Netzhautperipherie der Protanopen) kommen dadurch zu stande, daß sich mit einem Ausfall der 4 inneren chromatischen Erregbarkeiten ein Ausfall der äußeren Rot- und Grünerregbarkeit verbindet.

Die totale Farbenblindheit mit der spektralen Helligkeitsverteilung des Dunkelauges bleibt hier, wo es sich nur um den Zapfenapparat handelt, außer Betracht.

Die im vorstehenden zu Grunde gelegte Lehre von den mehrfachen inneren Reizwerten der Netzhautprozesse, die übrigens ihr Gegenstück darin findet, daß nach den neuesten Fassungen der Young-Helmholtzschen Theorie die Zahl der den Gesichtsempfindungen zu Grunde liegenden zentralen Vorgänge größer ist als die Zahl (3) der peripheren Komponenten, mithin diese Komponenten gleichfalls nicht bloß je einen inneren Reizwert besitzen, kommt auch dann in Betracht, wenn es sich um die Erklärung gewisser Kontrast- oder Nachbilderscheinungen oder gewisser Schwankungen der Lage der Kardinalpunkte des Spektrums (des Urgelb, Urgrün und Urblau) handelt. (Diskussion siehe S. 19 f.)

Ein ungewöhnlicher Fall von Farbenblindheit.

Von

F. Schumann.

Die im Folgenden zu beschreibende ungewöhnliche Form der Farbenblindheit besitze ich selbst, und es ist in diesem Falle gut, daß die Störung einen Psychologen getroffen hat, da ein Laie bei der Untersuchung durch einen Physiologen wohl einfach in die Kategorie der anomalen Trichromaten eingereiht worden wäre.

Ich wurde zuerst auf die Störung meines Farbensinnes im Jahre 1889 aufmerksam, als ich auf der Durchreise in Berlin das physiologische Institut besuchte. Herr Prof. Arthur König demonstrierte mir damals den von ihm verbesserten Helmholtzschen Farbenmischapparat, und als ich versuchte, damit eine bestimmte Gleichung einzustellen, zeigte sich eine erhebliche Abweichung von der entsprechenden Gleichung der Normalen. Seitdem habe ich eingehender mein Farbensystem geprüft und mir vor allem durch sorgfältige Selbstbeobachtung über meine Farbenempfindungen Rechenschaft zu geben versucht.

Bei der Betrachtung eines Sonnenspektrums kann ich zunächst leicht konstatieren, daß ich nicht einfach ein Rotgrünblinder bin. Das homogene rote Licht weckt in mir noch eine Empfindung, die deutlich der Qualität nach von der Gelbempfindung verschieden ist. Ferner kann ich auch keine Gleichung zwischen einem homogenen roten (um 670 $\mu\mu$) und einem homogenen gelben Lichte erzielen, indem ich etwa dem roten Lichte etwas farblos weißes oder etwas blaues Licht zusetze. Der Rotprozeß ist allerdings bei mir schwächer als bei normalen Personen: Ein Orange, das den Normalen noch deutlich rötlich erscheint, sehe ich bereits rein gelb; auch erkenne ich ein rotes Licht erst auf verhältnismäßig kleine Entfernungen. Der Rest des Spektrums zerfällt für mich in zwei Teile: Die sämtlichen zwischen dem betreffenden Orange und einem bestimmten grünen Lichte liegenden Farbentöne sehe ich rein gelb, die jenseits liegenden Farbentöne bis zum violetten Ende rein blau. Das betreffende grüne Licht selbst erscheint mir vollständig farblos. Mir fehlt also der Grünprozeß, während der Rotprozeß, wenn auch in abgeschwächter Form, noch erhalten ist.

Nun wird von verschiedenen Forschern behauptet, daß einzig und allein die Herstellung von Gleichungen mit spektralen Lichtern volle Klarheit über das Farbensystem eines Individuums bringen könne. Wenn keine Spur von Grünprozeß vorhanden sei, so müsse sich dies darin zeigen, daß eine Gleichung zwischen dem farblos erscheinenden grünen Lichte einerseits und farblosem Tageslichte bezw. einem farblosen, etwa aus 2 komplementären homogenen Spektrallichtern zusammengesetzten Mischlichte andererseits hergestellt werden könne.

Die Versuche, eine solche Gleichung in der gewöhnlichen Weise mit dem Helmholtzschen Farbenmischapparate oder auch mit dem Farbenkreisel herzustellen, sind mir aber nie gelungen. Auch konnte ich bei diesen Versuchen konstatieren, daß das farblose Licht neben dem grünen stets deutlich rötlich wurde. Hieraus werden nun die meisten Forscher ohne weiteres schließen, daß bei mir doch noch eine — wenn auch schwache — Grünempfindung vorhanden sein müsse. Ich selbst kann indessen diesem Schlusse durchaus nicht beistimmen: denn erstens glaube ich als Psychologe meine Empfindungen sicher zu kennen. Sodann bin ich im gewöhnlichen Leben vollständig ratlos, wenn es sich um die Erkennung einer grünen Farbe handelt; das lebhafteste Grün verwechsle ich mit einem gelblichen oder bläulichen Grau. Ich habe mich daher gefragt, ob man wirklich auf das Vorhandensein einer Grünempfindung schließen kann, wenn ein grünes Licht bei einem Individuum noch Kontrasterscheinungen hervorruft. Dies glaube ich nun durchaus verneinen zu müssen. Wir wissen jetzt sicher, daß die Kontrasterscheinungen jedenfalls nicht im Zentrum der Lichtempfindungen, sondern weiter peripheriewärts, sei es nun in subkortikalen Zentren sei es in der Netzhaut, zu stande kommen. Man kann daher aus dem Bestehen der Kontrasterscheinungen mit Sicherheit nur auf das Bestehen eines physiologischen Grünprozesses in subkortikalen Zentren bezw. in der Netzhaut schließen, nicht aber auch auf das Bestehen eines Grünprozesses im kortikalen Zentrum der Lichtempfindungen. Es ist von vornherein recht wohl denkbar, daß ein bestimmter Nervenprozeß in der Netzhaut und auch in den subkortikalen Zentren noch vorhanden ist, im Empfindungszentrum aber fehlt. Und so könnte es sich bei mir mit dem Grünprozeß verhalten.

Daß dies möglich ist, darüber kann kein Zweifel bestehen, und es ist ferner klar, daß ein solcher Fall mit der üblichen, bisher für völlig ausreichend gehaltenen Untersuchungsmethode (Herstellung von spektralen Gleichungen) nicht diagnostiziert werden kann.

Um nun noch näher zu prüfen, ob bei mir wirklich die Grünempfindung vollständig fehlt, habe ich ein Versuchsverfahren eingeschlagen, bei dem ich von folgender Überlegung ausging: Werden in der gewöhnlichen Weise Gleichungen hergestellt, so läßt man zwei unmittelbar aneinander grenzende farbige Felder betrachten, und die Versuchsperson geht bei der Betrachtung ungezwungen mit dem Blick von dem einen Felde zum andern über. Dabei wirken dann Rand- und Successivkontrast zusammen. Um den Randkontrast möglichst zu verringern, trennte ich die beiden zu vergleichenden Felder durch einen schmalen schwarzen Streifen (2—3 mm breit), und um den Successivkontrast zu vermeiden, brachte ich auf dem schwarzen Streifen einen deutlich sichtbaren Punkt an, den ich bei der Herstellung von Gleichungen fest fixierte. Unter diesen Umständen (also bei minimaler Kontrastwirkung) ist es mir nun leicht gelungen, Gleichungen zwischen einem homogenen grünen Lichte und einem farblosen Mischlichte herzustellen. Ich benutzte dazu den mir freundlichst zur Verfügung gestellten großen Farbenmischapparat des hiesigen physiologischen Instituts. Bei diesem Apparate wird ein farbloses Licht gewöhnlich durch Mischung aus einem homogenen roten und dem komplementären grünen Lichte hergestellt. Hierbei war nun noch eine weitere Anomalie meines Farbensystems zu berücksichtigen. Stelle ich nämlich die von Lord Rayleigh zur Diagnose der sog. anomalen Trichromaten angegebene Gleichung her (d. h. eine Gleichung zwischen einer Mischung aus einem roten und einem grünen Lichte einerseits und einem gelben Lichte andererseits), so zeigt sich, daß ich erheblich mehr Grün zusetzen muß als der Normale. Dementsprechend erscheint mir nun auch die Mischung aus einem homogenen roten und einem homogenen grünen Lichte, die der Normale für farblos erklärt, noch deutlich rötlich, und erst bei einer erheblichen Verstärkung des grünen Lichtes wird sie farblos. Zwischen dieser nunmehr farblosen Mischung und einem mir farblos erscheinenden grünen Lichte kann ich dann in der angegebenen Weise eine Gleichung herstellen. Dabei muß ich jedoch den hellen Punkt auf dem schwarzen trennenden Streifen sehr sorgfältig fixieren, da mir bei Blickschwankungen das Mischlicht sofort rötlich erscheint. Ich habe nun noch weiter versucht, zwischen einem homogenen grünen Lichte, das mir noch deutlich gelblich erscheint, nämlich dem Thalliumgrün, und dem Natriumgelb, das ich schon reingelb sehe, eine Gleichung herzustellen. Auch das ist mir gelungen. Ja, ich konnte hier sogar, nachdem ich die Gleichung zunächst bei strenger Fixation eingestellt hatte, den schwarzen Zwischenstreifen wegnehmen und dann, ehe eine Kontrastwirkung störend merkbar wurde, noch zwei- bis dreimal mit dem Blick von dem einen farbigen Felde zum andern übergehen und mich dabei von der Gleichheit der beiden Felder noch sicherer überzeugen. Allerdings bemerkte ich, wenn ich die eingestellte Gleichung mit ausgeruhtem Auge prüfte, im allerersten Momente noch einen minimalen Helligkeitsunterschied zwischen den beiden Feldern. Doch auch dieser verschwand, als ich statt des Thalliumgrün ein anderes homogenes Licht nahm, das um wenige $\mu\mu$ mehr nach dem Gelb zu lag.

Ich bemerke noch, daß ich mich in Bezug auf die Prozesse in der Netzhaut ganz ähnlich verhalte wie Herr Dr. Guttmann, der nach mir das Wort ergreifen wird. Die beschriebenen Gleichungen erkennt er aber nicht an oder wenigstens nur nach länger dauernder Betrachtung, wobei ja die Empfindlichkeit des Auges erheblich sinkt. (Diskussion siehe S. 19 f.)

Untersuchungen an sogenannten Farbenschwachen.

Von
A. Guttmann.

Außer Farbentüchtigen und typisch Farbenblinden gibt es eine Anzahl von Personen, die sich diesen beiden Gruppen mehr oder weniger annähert, aber nicht mit ihnen identisch ist, sondern gewissermaßen dazwischen steht. Diese Personen, die man meist mit dem allgemeinen Ausdruck „Farbenschwache" bezeichnet, machen im täglichen Leben nie die groben Verwechselungen der Farbenblinden; die aufmerksamen Beobachter unter ihnen bemerken jedoch einige sehr eigenartige Abweichungen von der Norm: sie erkennen manche Farben, besonders grüne und rote, wie an Signallaternen, erst in weit geringerer Entfernung als die Normalen, bei gewissen Farben können sie nur nach langem Betrachten und Überlegen, was das wohl für eine Farbe sei, zu einem Urteil kommen, das auch nicht immer ganz sicher ist. (Hierher gehören dunkle oder ungesättigte Nuancen von Grün, Grau, Rosa, Lila, Violett, Braun u. derart.) Ferner beeinflussen benachbarte Farben einander in ganz ungewöhnlicher Weise für sie: ein und dasselbe Grau oder Gelb erscheint ihnen neben Rot „grün", neben Grün „rot", ja ein zartes Rosa oder Orange erscheint ihnen neben einem kräftigen Rot sogar „graugrün" oder selbst „grün". — Diese Abweichungen treten bei den verschiedenen derartigen Personen je nach der Stärke ihrer Anomalie resp. ihrer verschiedenen Gabe der Selbstbeobachtung mehr oder weniger deutlich in die Erscheinung.

Die verschiedenen, objektiven Untersuchungsmethoden führen hier zu Resultaten, die einander völlig widersprechen: nach der Holmgreenschen Methode z. B. wären diese Personen farbentüchtig, nach der Stillingschen farbenblind. Die exakte Diagnose gestattet nur die Untersuchung am Helmholtzschen Farbenmischapparat: hier erweisen sie sich als „anomale Trichromaten" (nach Koenigs Terminologie). Das bedeutet: diese Farbenschwachen können nicht, wie die Farbenblinden (Dichromaten), durch Mischung zweier geeignet gewählter Farben den Eindruck jedes beliebigen Lichtes hervorrufen, sondern es besteht für sie, wie für die Farbentüchtigen (Trichromaten), eine dreifach bestimmte Mannigfaltigkeit;

sie unterscheiden sich aber von den normalen Trichromaten dadurch, daß die Verteilung der Reizwerte im Spektrum für sie anders ist — sie brauchen z. B., um eine Mischung aus einem gewissen Rot (Lithiumlinie) und einem Grün (Thalliumlinie) gleich zu machen einem gewissen homogenen Gelb (Natriumlinie), erheblich mehr Grün im Verhältnis zum Rot, als die Normalen brauchen. Mit eben dieser Mischungsgleichung gelingt es leicht, die anomale Trichromasie zu diagnostizieren. Wenn man das Verhältnis $\frac{\text{Grün}}{\text{Rot}}$, das der Normale braucht, um Gleichheit mit Na-Gelb zu erzielen, $= 1$ setzt, so braucht der anomale Trichromat etwa $2^3/_4$ mal soviel Grün. Die Gleichung des Normalen ist für ihn also absolut falsch, das für jenen dem Na-Gelb gleiche Gemisch erscheint ihm viel zu rot, während sein Gemisch dem Normalen viel zu grün erscheint. — Der eigentlich Farbenblinde erkennt dagegen beiderlei Arten der Einstellung als gleich an. — Irgend welche Übergänge zwischen diesen beiden funditus verschiedenen Arten der Gleichungseinstellungen habe ich bisher nie beobachtet.

Diese Personen zeigen bei systematischen Untersuchungen eine Reihe von eigentümlichen, ihnen allen gemeinsamen Abweichungen vom Normalen:

1. sie haben eine geringere Unterschiedsempfindlichkeit als die Normalen für Farbentöne, die im Spektrum der Gegend des Na-Gelb entsprechen, eine etwas höhere Unterschiedsempfindlichkeit als die Normalen im Grün;

2. sie sind abhängiger von der Intensität des farbigen Reizes, insofern als sie nur bei einem Optimum des Reizes sicher urteilen können;

3. sie sind abhängiger von Helligkeitsdifferenzen, insofern als diese ihnen oft auffälliger als Farbtondifferenzen sind;

4. sie brauchen zum Erkennen von Farben erheblich größere Gesichtswinkel;

5. sie brauchen zum Erkennen von Farben erheblich längere Zeit;

6. sie ermüden farbigen Reizen gegenüber schneller;

7. sie haben einen erheblich stärkeren Simultankontrast als die Normalen.

Nach diesem bisher unbekannten Symptomenkomplex ist es nun möglich, die anomalen Trichromaten leicht zu erkennen; so z. B. mit dem Nagelschen Apparat zur Diagnose der Farbenblindheit, dessen objektiv rot und gelbe Halbkreise, die der Farbenblinde für gleich hält, der anomale Trichromat rot und grün nennt (cf. Punkt 7). Die bisherigen diagnostischen Schwierigkeiten sind wohl der Grund, daß alle früheren Autoren zusammen etwa 15 derartige Fälle beobachtet haben, während Vortragender in den letzten $1^1/_2$ Jahren 25 anomale Trichromaten fand. Offenbar ist diese Anomalie gar nicht so selten; über die sehr eigenartigen hereditären Verhältnisse berichte ich an anderer Stelle.

Daß diese Personen in gewisser Hinsicht farbenschwach sind, muß ich im Gegensatz zu früheren Autoren behaupten. Ihre Anomalie macht sie in sozialer Hinsicht minderwertig für Berufe, wo gewisse Farbtonunterschiede mit Sicherheit bei geringer Winkelgröße und in kurzer Zeit erkannt werden müssen, in erster Linie also für Bahndienst, Marine und dergleichen. Auch bei manchen wissenschaftlichen Arbeiten sind sie durch ihre Farbenschwäche behindert: die Mediziner irren sich leicht bei gefärbten mikroskopischen Präparaten (Tuberkelbazillen, Blutpräparaten), übersehen leichte Verfärbungen der Haut und der Schleimhäute, sie und die Physiker irren sich am Polarisationsapparat, bei spektralanalytischen Untersuchungen, Chemiker sind beim Titrieren, wo der plötzliche Farbenumschlag des Indikators die Entscheidung bringt, unsicher, auf allen farbigen, graphischen Darstellungen erkennen diese Personen die Farben der feinen Linien schlecht, kurz in allen Berufen, wo das Gros der Normalen bestimmend und maßgebend ist, stehen sie zurück. Anders im ästhetischen Sinne, wo es keine Majoritätsbeschlüsse gibt und wo sie z. B. die Herabsetzung der Unterschiedsempfindlichkeit für manche Farbtöne durch die Steigerung für andere in gewissem Sinne kompensieren können. Besonders kommt ihnen aber für die Malerei zu gute, daß es bei ihr, besonders in der Landschaftsmalerei, in erster Linie nicht sowohl auf feine Farbtonnuancen als auf „Valeurfeinheiten“ — wie der Maler es nennt — ankommt. Und hierfür scheint der anomale Trichromat besonders empfindlich zu sein (cf. Punkt 7). Unter meinen Versuchspersonen befinden sich übrigens drei Maler, darunter einer von Ruf.

Außer der hier beschriebenen Gruppe fand sich noch eine kleinere, zweite Gruppe von farbenschwachen Personen, die ebenfalls von den Normalen abwich, aber im entgegengesetzten Sinne. Diese Personen brauchen für die diagnostische Gleichung erheblich mehr Rot im Verhältnis zum Grün, ihre Einstellung weicht also von der des Normalen im entgegengesetzten Sinne wie die der oben beschriebenen Personen ab. Für letztere gibt es also kaum einen größeren Unterschied, als das, was jene kleine Gruppe als gleich bezeichnet. Näheres über diese Anomalie findet sich in der Levyschen Dissertation.[1])

Es sind also bisher zwei Gruppen von anomalen Trichromaten bekannt, die gewissermaßen Ähnlichkeitsgruppen zu den Protanopen und Deuteranopen bilden. Eine dritte (den Tritanopen ähnliche) Gruppe ist hypothetisch wohl möglich, zurzeit aber noch nicht beobachtet.

Eine theoretische Deutung dieser Beobachtungen wäre jetzt noch verfrüht; nur so viel kann gesagt werden, daß die Störung nicht in der Peripherie, sondern in höheren Bahnen bestehen muß.

Ob Farbenschwäche mit anomaler Trichromasie identisch ist, oder unabhängig von ihr, also ohne sie vorkommen kann, kann ich nicht entscheiden. Die untersuchten Personen mit verdächtigem Farbensinn waren sämtlich Farbenblinde oder anomale Trichromaten. (Diskussion siehe S. 19 f.)

Ein neuer Beweis für die spezifische Helligkeit (bezw. Dunkelheit) der Farben.[2])

Von

Vittorio Benussi.

I.

Fragestellung: a) Läßt sich innerhalb der Helladaptation eine Helligkeitsverschiebung durch das bloße Hervortreten der Farbe nachweisen, und wenn ja, wie ist sie zahlenmäßig zu bestimmen?

b) Wie verhalten sich dann die dabei erhaltenen Aufhellungen bezw. Verdunklungen zu denjenigen, die durch den Übergang von der Hell- zur Dunkeladaptation erzielt werden?

---

[1]) Max Levy: Über einen zweiten Typus des anomalen trichromatischen Farbensystems nebst einigen Bemerkungen über den schwachen Farbensinn. Freiburg 1903.

[2]) Vergl. für Näheres die im Laufe dieses Jahres erscheinenden „Untersuchungen zur Gegenstandstheorie und Psychologie. Herausgegeben von A. Meinong. No. VII. Leipzig. Barth.

II.

Versuche. a) Zur Beantwortung der ersten Frage.

Als Versuchsmaterial dienen für jede zu untersuchende Farbe vier Maxwellscheiben, eine weiße, eine schwarze und zwei in der zu untersuchenden Nuance. Alle vier tragen einen Ringstreifen, die zwei farblosen Scheiben in der zu untersuchenden Farbe, von den farbigen dagegen die eine einen weißen, die andere einen schwarzen. Je zwei Scheiben, die beiden farblosen und die beiden farbigen, werden zu einer Gesamtscheibe vereinigt. Dabei läßt sich auf der farblosen Gesamtscheibe die Helligkeit des Grundes, auf der farbigen diejenige des Ringstreifens variieren. — Die zwei Gründe werden nun auf gleiche Helligkeit gebracht, und die weiß-schwarz-Werte des farblosen Grundes auf den farblosen Ringstreifen der farbigen Gesamtscheibe übertragen. Bezeichnen wir mit G' und G'' den farblosen und den farbigen Grund, mit R'' den farbigen und mit R' den objektiv farblosen Ring, so müßte jetzt der Helligkeit nach, da $G' = G''$ eingestellt wurde, die weitere Gleichung $G' = G'' = R' = R''$ bestehen. Dies tritt aber keineswegs ein. (Der Versuch wird vorgeführt). Setzen wir „dunkler“ = d und „heller“ = h, so erhalten wir:

1. wenn G'' grün oder blau ist, in welchem Falle R' durch gegenfarbige Induktion rötlich oder gelblich erscheint, und die Sättigung von R'' durch die graue Umgebung erhöht wird: R'' d G'; R' h G''; R' h R'';

2. wenn G'' rot oder gelb ist, in welchem Falle R' durch gegenfarbige Induktion grünlich oder bläulich erscheint: R'' h G'; R' d G''; R' d R''.

Die erste Frage ist also bejahend zu beantworten. Bei Beibehaltung der Helladaptation läßt sich eine Aufhellung durch Rot und Gelb und eine Verdunklung durch Grün und Blau nachweisen, und zwar sowohl durch Farbeninduktion wie durch bloße Sättigungssteigerung.

Messen läßt sich diese Aufhellung (bezw. Verdunklung) dadurch, daß man die Menge schwarz bezw. weiß mißt, die notwendig ist, um die Gleichung $G' = R''$ bezw. $G'' = R'$ wieder herzustellen. Die dabei erhaltenen Werte seien mit $\pm$ a bezeichnet. (+ bezeichnet eine Aufhellung, — eine Verdunklung.)

b) Zur Beantwortung der zweiten Frage.

Sind G″ = R′ eingestellt und hat man a bestimmt, so wird eine neue Scheibe (S) dem Ring R′ nach Farbe, Helligkeit und Sättigung gleich gemacht. Der Helligkeit nach werden wir dann erhalten: G′ = R′ = S. Bei minimaler Beleuchtung wird nun S dunkler oder heller erscheinen als G′ (bezw. R′), je nachdem die Scheibe rot, gelb, grün oder blau ist. Durch Beimischung von Weiß oder Schwarz auf G′ wird nun die Helligkeitsgleichheit wieder hergestellt. Die Menge Weiß bezw. Schwarz, die dazu nötig ist, sei mit $\pm$ b bezeichnet. Es fragt sich, in welchem Verhältnis $\pm$ a und $\pm$ b zueinander stehen. Die nach dem eben angedeuteten Verfahren angestellten Versuche haben ergeben, daß sich diese zwei Werte in befriedigender Annäherung entsprechen, d. h. daß, abgesehen von dem entgegengesetzten Vorzeichen, $\pm a = \mp b$ ist. Dahin ist also unsere zweite Frage zu beantworten.

III.

Theorie. a) Die mit dem Hervortreten der Farbe Hand in Hand gehende Helligkeits-Zu- oder Abnahme ist, da sie bei helladaptiertem Auge nachweisbar ist, nicht auf einen Funktionswechsel verschiedener terminaler Netzhautapparate, sondern auf die den Farben eigene Helligkeit zurückzuführen, indem sie nicht an jenen Wechsel, sondern ausschließlich an das Hervortreten der Farbe gebunden erscheint.

b) Desgleichen ist auch das Purkinjesche Phänomen durch diesen zuletzt angeführten Umstand zu erklären, indem die Annahme zweier Sehapparate einerseits die Aufhellung (bezw. Verdunklung) durch Farbeninduktion (bezw. durch bloße Sättigungssteigerung) nicht zu erklären vermag; andererseits für das Verständnis des Purkinjeschen Phänomens infolge der berührten Äquivalenz zwischen $\pm$ a und $\mp$ b entbehrlich erscheint.

Diskussion zu den vier vorhergehenden Vorträgen:

Herr Tschermak weist darauf hin, daß die Theorie der Gegenfarben nach Herings Fassung, sowie nach seiner eigenen Anschauung sich nur auf die Prozesse im nervösen Apparate bezieht, nicht auch auf den Apparat der photochemischen Reizvermittler, auf die hypothetischen Sehstoffe. Die Fälle von typischer Farbenblindheit betreffen das erstere Gebiet, waren theoretisch voraussagbar. Daneben gibt es gewiß zahlreiche Fälle von Anomalie oder Defekt der Sehstoffe. Für den Fall Schumann könne man zunächst Schwäche der nervösen Rotgrünerregbarkeit und Minderung des hypothetischen Grünsehstoffes annehmen.

Herr G. E. Müller weist auf einige Resultate der Versuche hin, die er mit Herrn Schumann angestellt hat. Urgrün erscheint demselben stets farblos; es hat aber trotzdem eine rosarote Kontrastfarbe zufolge, sowohl dann, wenn das Kontrastfeld und das Kontrast erweckende Feld gleich hell sind, als auch dann, wenn ersteres heller oder dunkler ist als letzteres. Ferner vermag Sch. zwar nach Urgrün ein rosafarbenes negatives Nachbild zu sehen, dagegen ist das vom Urrot hinterlassene negative Nachbild bei ihm stets farblos. Will man, daß für Sch. eine objektiv graue Scheibe einer neben ihr befindlichen urgrünen Scheibe gleich erscheine, so muß man der ersteren Scheibe wegen der Kontrastwirkung des Urgrün ein gewisses, nicht geringes Quantum von Urgrün zusetzen. Für Sch. erscheinen dann zwei Scheiben, von denen die eine ein großes, die andere ein zwar bedeutend geringeres, aber immerhin erhebliches Quantum von Urgrün enthält, einander völlig gleich. Mit Urrot dagegen gelingt der entsprechende Versuch auch nicht im entferntesten. Zwei urrote Scheiben müssen stets ungefähr gleich viele Grade Urrot enthalten, um Sch. gleich zu erscheinen. Setzt man jenen beiden, Sch. ganz gleich und farblos erscheinenden Scheiben, von denen die eine ein großes, die andere nur ein mäßiges Quantum von Urgrün enthält, ein gleiches Quantum Urrot zu, so erscheinen jetzt beide Scheiben Sch. ungleich. Ist z. B. der Rotzusatz von mittlerem Betrage, so erscheint ihm die erstere Scheibe noch immer farblos, die zweite dagegen deutlich rot. Der Satz, daß gleiches Licht, zu subjektiv gleichen Lichtern hinzugefügt, subjektiv Gleiches ergibt, erweist sich also hier als ungültig. Daß endlich in dem Falle, wo sich ein grauer Ring auf einer urroten Scheibe befindet, trotz des für Sch. vorhandenen farblosen Aussehens dieses Ringes von der urroten Umgebung peripher eine starke Induktion im Sinne der Entstehung von Kontrastgrün ausgeht, ergibt sich daraus, daß man dem grauen Ringe ein relativ bedeutendes Quantum von Urrot zusetzen kann, ohne daß er von Sch. als rot empfunden wird, ein Quantum von Urrot, welches einen gleichen Ring für Sch. stets rötlich erscheinen läßt, wenn sich derselbe auf einem grauen Grunde von beliebiger Helligkeit befindet. Aus allen diesen Beobachtungen folgt, daß bei Sch. (abgesehen von der bei ihm bestehenden äußeren Alteration) zwar die innere Grünerregbarkeit, nicht aber auch die innere Roterregbarkeit und die äußere Rot- und Grünerregbarkeit ausgefallen ist. Außerdem liefern diese Beobachtungen einen Beweis dafür, daß die negativen Nachbilder und die Erscheinungen des Simultankontrastes nicht zentralen, sondern peripheren Ursprungs sind.

Betreffs der beiden (zuerst von Rayleigh konstatierten) zurzeit bekannten Alterationssysteme bemerkt Herr Müller, daß dieselben seines Erachtens deshalb nicht in näherer Beziehung zu dem protanopischen und dem deuteranopischen Systeme gebracht werden dürfen, weil letztere beiden Systeme eben nicht Alterationssysteme, sondern Ausfallsysteme sind. Der Fall Sulzer, wo die Alteration nur auf dem einen Auge bestand, stelle übrigens sicher, daß die Empfindungen des betreffenden Alterationssystemes qualitativ dieselben seien wie diejenigen des normalen Systemes.

Zu den Versuchen von Benussi erklärt Herr Müller, daß er vor längerer Zeit ähnliche Versuche mit ähnlichen Resultaten zusammen mit Dr. Pilzecker u. a. angestellt habe.

Herr Tschermak erklärt, daß er heute noch nicht über eine durchgearbeitete Theorie bezüglich jener Erscheinungen verfüge, welche durch Anomalie oder Defekt von Sehstoffen bedingt sein könnten. Er erinnert daran, daß nach seiner Anschauung der Unterschied der beiden Typen von Rotgrünblinden zum Teil auf einem Defekt des Helladaptations-Weißsehstoffes und auf alleinigem Besitz des Dunkeladaptations-Weißsehstoffes (Paradigma: Sehpurpur) bei den sog. Rotblinden beruhe. Des weiteren dürften die Absorptionskurven der farbige Erregungen vermittelnden Sehstoffe teilweise übereinandergreifen (Variabilität der Kardinalpunkte im Spektrum).

Herr Guttmann: 1. Herrn Schumanns periphere Grünerregung ist der meinigen gleich, der ich mich im täglichen Leben als farbentüchtiger erweise, als er. Gemeinsame Einstellungen der diagnostischen Gleichung ergaben eine genaue Übereinstimmung unseres $\frac{\text{R.}}{\text{Gr.}}$-Verhältnisses.

2. Die andere Gruppe der anomalen Trichromaten sieht das Spektrum am roten Ende verkürzt.

3. Frage an Herrn Benussi, ob die beschriebenen Versuche auch bei Helladaptation ausgeführt wurden? Die heutige Demonstration stelle geradezu die Verhältnisse der Dunkeladaptation her.

Herr Benussi (Antwort an Herrn Guttmann): Gewiß. Hier wurde die künstliche Beleuchtung nur deswegen vorgezogen, weil 1. dadurch Glanzerscheinungen beseitigt werden konnten, 2. durch das deutlichere Hervortreten der Farben die in Rede stehende Helligkeitsverschiebung auffälliger wird.

Die geometrisch-optischen Täuschungen.

Von

Hermann Ebbinghaus.

(Mit 6 Figuren im Text.)

Um zwischen den zahlreichen Theorieen über das Zustandekommen der geometrisch-optischen Täuschungen womöglich zu einer Entscheidung zu gelangen, habe ich das Verhalten einiger bekannteren Muster einmal unter wesentlich anderen als den gewöhnlichen Bedingungen der Beurteilung genauer untersucht. Zu völligem Abschluß ist diese Arbeit freilich noch nicht gediehen, aber vielleicht ist auch schon eine vorläufige Mitteilung über die bisher gewonnenen Resultate von Interesse.

Die besonderen Umstände, deren Einfluß auf die Größe der hervorgebrachten Täuschung ermittelt wurde, waren die folgenden drei:

1. Übertragung einzelner Muster auf den Tastsinn. Sie wurde auf meinen Vorschlag von M. Sobeski vorgenommen, der darüber in seiner Dissertation „Über Täuschungen des Tastsinns, 1903" berichtet hat. Die Untersuchung beschränkte sich aus besonderen Gründen auf die beiden von Müller-Lyer angegebenen und als Konfluxions- und Kontrasttäuschung bezeichneten Muster (Fig. 2 u. 3), wurde aber nicht nur an Sehenden, sondern vor allem an 5 blindgeborenen Knaben der Schlesischen Blindenanstalt angestellt.

2. Strenge Fixation der Muster zur Ausschaltung von Augenbewegungen. Man hat zumeist zu diesem Zweck Betrachtung bei dem Licht elektrischer Funken oder durch Momentverschlüsse angewandt, erzielt damit aber natürlich nicht eine Beseitigung der bloßen Bewegungstendenzen der Augen, die für die Auffassung der Muster auch schon von Bedeutung sein mögen.

3. Zerlegung der Muster in zwei Teile, deren keiner für sich ein Täuschungsmotiv enthält, dann getrennte Betrachtung jedes Teils durch je ein Auge und Vereinigung der beiden Eindrücke durch eine geeignete haploskopische Vorrichtung (nach dem Vorgange Kundts und Witaseks). Dieser Untersuchung wurden 5 auf die elementarsten Formen zurückgeführte Muster unterworfen, nämlich:

1) die eingeteilte Strecke, Fig. 1;

2) das Konfluxionsmuster *(Pfeilmuster)* Müller-Lyers, in der Form der Fig. 2 (zerlegt in der durch Fig. 2a angegebenen Weise);
3) das Kontrastmuster Müller-Lyers, Fig. 3;
4) die dem Zöllnerschen Muster zu Grunde liegende Richtungstäuschung, Fig 4;
5) ein Muster, das ich als *Wegweisertäuschung* bezeichnen will, Fig. 5. (Von den beiden objektiv gleichen Strecken a und b erscheint die horizontale etwas kürzer).

Wettstreit der Sehfelder war (außer bei der Kontrasttäuschung Fig. 3, wo er absichtlich zugelassen wurde) durch Vermeidung von Linienkreuzungen so gut wie ausgeschlossen. An den Kreuzungsstellen waren in den beiden Teilen jedes Musters kleine Kreise von gleicher Größe angebracht, die direkt zur „Verschmelzung" nötigten (s. Fig. 2a). Auch sonst noch war die Vereinigung der unokularen Eindrücke zu einem vollkommen ruhigen Bilde durch Fixationsmarken unterstützt.

Von den bisher erhaltenen Resultaten scheinen mir die folgenden bemerkenswert.

1. Die beiden auf dem Gebiete des Tastsinns untersuchten Muster (das Pfeilmuster und Kontrastmuster) ergeben hier ganz dieselben Täuschungen und diese von ganz derselben Größenordnung wie auf dem Gebiete des Gesichtssinnes. Auch darin besteht Übereinstimmung, daß die Täuschung des Pfeilmusters um so größer wird, je kleiner die Winkel zwischen den verglichenen Strecken und den angesetzten Schrägstrichen genommen werden. Nun dürfen gewiß die Verschiedenheiten der beiden Sinnesgebiete und die verschiedene Art der Beurteilung auf beiden nicht außer acht gelassen werden. Aber bei den erwähnten Übereinstimmungen muß es doch mindestens als wahrscheinlich bezeichnet werden, daß diese Täuschungen auch auf optischem Gebiete nicht durch Momente hervorgebracht werden, die dem Gesichtssinn eigentümlich sind, also z. B. nicht durch Hineintragung perspektivischer, mechanischer u. dergl. Erfahrungen.

2. Bei haploskopischer Betrachtung und bei strenger Fixation verhalten sich die untersuchten Täuschungsmuster keineswegs alle übereinstimmend. Vielmehr scheint jedes seine Eigenart zu haben; einzelne verhalten sich jedenfalls direkt entgegengesetzt zueinander. Das weist darauf, daß sie nicht alle aus ein und demselben Prinzip

Fig. 1.

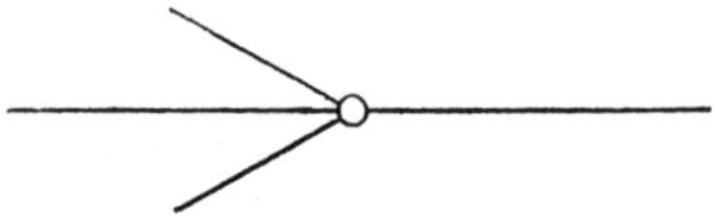

Fig. 2.

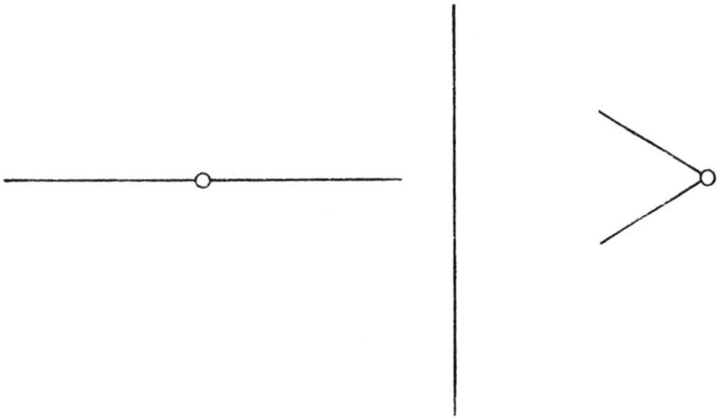

Fig. 2a.

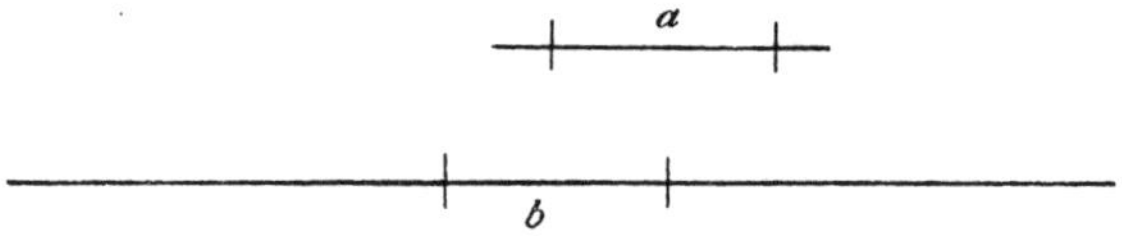

Fig. 3.

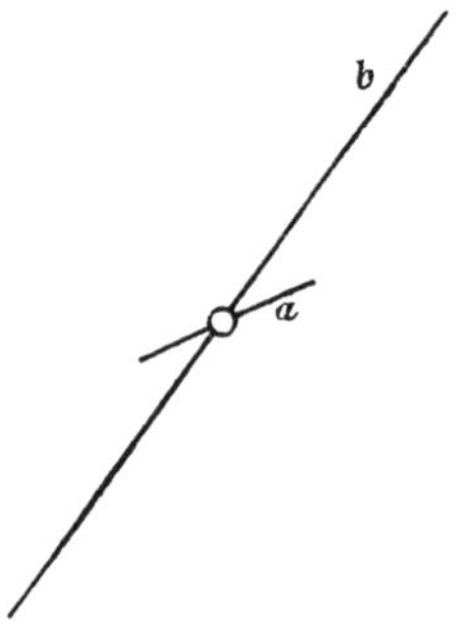

Fig. 4.

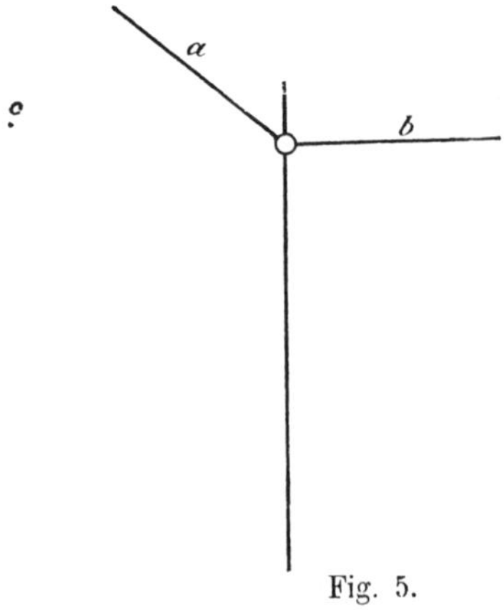

Fig. 5.

zu erklären sind, sondern daß bei ihnen verschiedene Faktoren ins Spiel kommen. Ganz entsprechend dem verwickelten Aufbau unseres Gesichtsorganes aus peripheren, subkortikalen und kortikalen Gebilden.

3. Das einzige Muster, bei dem bei haploskopischer Betrachtung eine Täuschung von genau derselben Größe besteht, wie bei gewöhnlicher binokularer Betrachtung, ist das Wegweisermuster, Fig. 5. Daraus ergeben sich zwei wichtige Folgerungen. Erstens kann da, wo bei haploskopischer Betrachtung unter den hier innegehaltenen Bedingungen ein Zurückgehen der Täuschung stattfindet, dies nicht auf den etwa verbliebenen Rest von Wettstreit der Sehfelder geschoben werden. Denn soviel davon bei anderen Mustern besteht, soviel besteht hier auch, und dennoch behält die Täuschung die gleiche Größe. Zweitens: daß die Wegweisertäuschung durch eine Hineintragung von Erfahrungen des perspektivischen Sehens zu stande kommt, liegt auf der Hand. Wenn nun in einem solchen Falle dadurch, daß verschiedene Teile des Musters den beiden Augen getrennt dargeboten werden, an der Täuschungsgröße — wie ja auch von vornherein zu vermuten war — nichts geändert wird, so muß man fordern, daß es sich bei anderen Täuschungen, die bloß auf der Hineintragung irgend welcher Erfahrungen beruhen, ebenso verhalte. Nun zeigen aber alle anderen untersuchten Muster bei haploskopischer Betrachtung eine mehr oder weniger große Verringerung der Täuschung. Also können auch bloße Hineintragungen früherer Erfahrungen, perspektivischer oder mechanisch-ästhetischer Art, bei ihnen nicht das allein oder hauptsächlich Wirksame sein.

4. Einen interessanten Gegensatz bildet das Verhalten der Täuschung der eingeteilten Strecke (Fig. 1) und der Kontrasttäuschung (Fig. 3). Bei jener wird durch haploskopische Betrachtung unter bestimmten Bedingungen die Täuschung völlig aufgehoben, bei strenger Fixation dagegen besteht sie in derselben Größe wie bei gewöhnlicher binokularer Betrachtung mit bewegten Augen. Bei dem Kontrastmuster dagegen wird durch haploskopische Betrachtung die Täuschung zwar verringert, aber nicht so sehr wie bei anderen Mustern; bei strenger Fixation dagegen geht sie verhältnismäßig stark zurück.

Soll ich noch kurz und vorläufig ohne nähere Begründung auf Grund meiner bisherigen Resultate eine Meinung über einzelne Täuschungen aussprechen, so möchte ich dies sagen.

Die sogenannte Kontrasttäuschung (Fig. 3) ist als Einstellungstäuschung aufzufassen. Die Augen werden (ebenso wie beim Tastsinn die Finger) durch die verschiedene Umgebung der zu vergleichenden Strecken dazu veranlaßt, sie je mit verschiedenen Innervationen zu durchlaufen. Die mit einer schwächeren Innervation durchlaufene Strecke a erscheint dann relativ lang, die andere, sozusagen mit einem schwächeren Anlauf durchmessene Strecke b relativ kurz.

Auch die Richtungstäuschung Fig. 4 beruht auf Bewegungen der Augen, aber in anderer Weise als gewöhnlich angenommen wird. Indem das Auge von der geraden Linie a der Fig. 4 hinübervisiert zu dem objektiv in ihrer Verlängerung liegenden Punkte c, wird es durch die Schräglinie b angezogen und reflektorisch von seiner Bahn abgelenkt. Natürlich vermag der Beobachter nun doch die beabsichtigte Bewegung auszuführen, aber er muß dazu das Auge anders innervieren, als wenn jene Schräglinie nicht vorhanden wäre. Ihren reflektorisch ablenkenden Zug nach oben muß er von der Hirnrinde aus durch eine entgegengerichtete Innervation nach unten überwinden, und vermöge der innigen assoziativen Verbindung zwischen bestimmten kortikalen Innervationen und bestimmten Raumwahrnehmungen ergibt sich ihm daraus das Bewußtsein einer größeren Divergenz zwischen den Linien a und b, als sie objektiv besteht.

Die Täuschung der eingeteilten Strecke endlich (Fig. 1) hat vermutlich weder mit Bewegungen des Auges noch mit Erfahrungen etwas zu tun; sie beruht vielleicht schon auf ursprünglichen Eigentümlichkeiten des peripheren Organs, auf die ich hier nicht näher eingehen kann.

Diskussion:

Herr Groos macht darauf aufmerksam, daß die dem „Wegweisermotiv“ entspringende Täuschung auch bei einem entsprechenden einfachen Winkel hervortreten könne.

Herr Henri stellt die Frage, ob die Richtungstäuschung bei Fixation geringer wird, wie es die Erklärung von Prof. Ebbinghaus fordert.

Herr Schumann: Eine Reihe von Richtungstäuschungen müssen auch meiner Ansicht nach auf eine Ablenkung der Augenbewegungen zurückgeführt werden. Wollen wir beurteilen, ob die gedachte Fortsetzung einer Linie einen etwas entfernten Punkt genau trifft oder aber seitwärts von ihm hinläuft, so lassen wir wohl gewöhnlich den Blick zuerst die Linie durchlaufen und suchen dann die Augen in derselben Richtung weiter zu drehen. Dabei fassen wir alle Punkte, auf die der Blickpunkt bei dieser Bewegung fällt, als in der Fortsetzung der unteren Linie liegend auf und lokalisieren natürlich auch alle Punkte seitlich, die sich seitlich vom Fixationspunkt abbilden. Ist diese Anschauung richtig, so müssen Täuschungen auftreten, sobald Störungen in dem Vollzug der Augenbewegungen sich geltend machen. Das ist nun in der Tat auch der Fall. Zeichnen wir z. B. auf ein größeres Blatt Papier zwei kleine gerade Linien in einem gegenseitigen Abstande von ca. 20 cm in der Weise, daß die eine genau in der Verlängerung der anderen liegt, so vermögen wir zwar bei horizontaler und vertikaler Lage der Linien sehr genau zu erkennen, daß sie beide in derselben Geraden liegen, bei allen schrägen Lagen treten dagegen Täuschungen auf. Und bemerkenswerterweise sucht ein Teil der Versuchspersonen die Fortsetzung der unteren Linie oberhalb, der andere Teil aber unterhalb der oberen Linie. Diese Täuschung hängt ohne Zweifel mit Störungen der Augenbewegungen zusammen, da nach Untersuchungen von Wundt und Lamansky feststeht, daß wir nur bei horizontaler und vertikaler Richtung den Blickpunkt in gerader Linie weiter wandern lassen können, während bei allen schrägen Richtungen Abweichungen auftreten, die — und das ist charakteristisch — bei einem Teil der Versuchspersonen nach der einen Seite und bei dem anderen Teile nach der entgegengesetzten Seite stattfinden. — In anderen Fällen wird die Ablenkung dadurch hervorgerufen, daß ein indirekt gesehenes Objekt die Aufmerksamkeit auf sich zieht.

Mit dem Prinzip der Überschätzung kleiner Winkel, welches nach dem Herrn Vortragenden neben anderen Faktoren bei der Poggendorffschen Täuschung wirksam sein soll, kann ich mich dagegen nicht einverstanden erklären. Einmal haben solche Personen, welche sich leicht das fehlende Stück der Transversalen in der Poggendorffschen Figur durch eine deutliche subjektive Linie ergänzen können, die Täuschung überhaupt nicht. Außerdem kann ein jeder die Täuschung beseitigen, sobald er die Stücke der Transversalen im Bewußtsein hervortreten läßt.

Herr Ebbinghaus: Zu 1. (Bemerkung von Herrn Groos). Allerdings wird eine schräg nach oben gehende Gerade im Vergleich zu einer Horizontalen meist überschätzt. Aber für das Gesagte verschlägt das nichts, da die Täuschung bei Hinzutreten eines Wegweisermotivs größer wird und nur dieser Mehrbetrag in Betracht gezogen wurde.

Zu 2. (Herr Henri). Daß die Richtungstäuschung bei strenger Fixation zurückgeht, wurde (wie in dem Vortrag auch erwähnt) nicht direkt beobachtet, sondern erschlossen aus dem Verhalten des Zöllnerschen und Kindergartenmusters, bei denen dieses Zurückgehen festgestellt wurde.

Zu 3. (Herr Schumann). Gewiß können einzelne Täuschungen verringert oder aufgehoben werden durch besondere Richtung der Aufmerksamkeit. Dann bedarf es keiner Erklärung mehr, ohne daß diese dadurch für die Fälle, wo die Täuschung besteht, unrichtig würde.

Neue Untersuchungen über Tiefenwahrnehmung mit besonderer Rücksicht auf deren angeborene Grundlage.

Von

A. Tschermak.

Nach einer Charakteristik der neueren, subjektivistischen und der älteren, objektivistischen Sinnesphysiologie, speziell der Lehre von den angeborenen, physiologischen Lokalzeichen oder Raumwerten der Netzhaut und der Theorie von der erlernten Projektion nach Richtungslinien, weist Vortragender hin auf die Bedeutung jener Beobachtungen, welche eine Inkongruenz oder Diskrepanz zwischen der Lokalisationsweise und der geometrischen Lage der Netzhautelemente, zwischen subjektiver Sehrichtung und objektiv konstruierbarer Richtungslinie dartun. Er berichtet über eine Anzahl einschlägiger Versuche, die von ihm und von Mitarbeitern (T. Kiribuchi, M. Frank, P. Hoefer) unter seiner Leitung angestellt wurden. Die Versuche betreffen einerseits das Horopterproblem: die Abweichung vom Längshoropter bei Momentbeleuchtung, die Identifizierung des Dauerhoropters mit dem eigentlichen Horopter, die Übereinstimmung der Hering-Hillebrandschen Horopterabweichung und des Kundtschen Teilungsversuches. — In zweiter Linie wurde das Problem der Tiefenwahrnehmung bearbeitet und messend der Nachweis erbracht, daß die binokulare Tiefenlocalisation ganz allgemein an querdisparate Abbildung, und zwar nicht bloß an Verschmelzung der beiden Eindrücke, sondern auch an Doppelbilder geknüpft ist. Dieses Verhalten erscheint von spezieller Bedeutung für die Wirbeltiere mit fixer Divergenz der Gesichtslinien. An denselben ließ sich mittelst eines Leuchtperimeters durchweg ein gewisser binokularer Gesichtsraum nachweisen, unabhängig von partieller oder totaler Kreuzung der Sehnerven. — In dem Grenzfalle des stereoskopischen Sehens, in welchem ein fernes Objekt für ein Auge durch das fixierte Objekt verdeckt ist, zeigt das erstere bei zweiäugiger Beobachtung einen geringeren scheinbaren Seitenabstand vom fixierten Objekt als bei einäugiger, was auf ein binokulares Lokalisationsmoment im ersteren Falle hinweist. Derselben Netzhautstelle, derselben Richtungslinie entspricht in beiden Fällen eine ganz verschiedene Sehrichtung. — Zum Schlusse betont Vortragender die Notwendigkeit einer Scheidung von Ordnungswerten, die angeboren in der Netzhaut begründet sind, und subjektiven Größenwerten (subjektivem Maßstab), die ganz wesentlich Produkt der Erfahrung sind. Die hohe Bedeutung der empirischen Motive, der individuellen Anpassung ist nicht zu verkennen.

Diskussion:

Herr Exner erklärt, sich als ehemaliger Schüler von Helmholtz zu der Bemerkung berufen zu fühlen, daß er in dem eben gehörten Vortrage die scharfe Hervorhebung der nativistischen Theorie gegenüber der empiristischen nicht verstehe, und daß ihm nicht klar geworden ist, warum die geschilderten Erscheinungen für die nativistische Theorie sprechen sollen. Sie scheinen ihm vielmehr für die empiristische zu sprechen. Überhaupt sollten wir uns darüber freuen, daß die Gegensätze zwischen diesen beiden Theorieen in neuester Zeit abnehmen, und es ist gerade das Verdienst der Heringschen Schule Tatsachen erwiesen zu haben, welche laut im Sinne des Empirismus sprechen. S. Exner erinnert an die vom Vortragenden erwiesene Erwerbung eines neuen binokularen Fixationspunktes bei Schielenden und an andere Arbeiten, bei deren Lektüre ihm der Eindruck erwachsen ist: wie schade, daß Helmholtz das nicht mehr erlebt hat. Denn er erinnert sich, daß Helmholtz jene Erwerbung als ein entscheidendes Postulat der empiristischen Auffassung gesucht hat. Es gelang ihm aber damals nicht das zu finden, was Herings Schule jetzt festgestellt hat.

Herr Tschermak erwidert, daß er zwar die Erfahrungs- und Anpassungsmotive sehr hoch bewerte, zumal da seine eigenen Arbeiten ganz wesentlich das Anpassungsproblem behandelten, doch müsse er an der prinzipiellen Scheidung von angeborenen Ordnungswerten und zum Großteil erworbenen Größenwerten festhalten. Die erworbene anomale Beziehung der Netzhäute, die er bei Schielenden auffand, sei ganz erheblich verschieden (speziell durch ihr Schwanken) von der angeborenen Korrespondenz; sie stelle ein Anpassungssurrogat dar.

Über die Wirkung mehrfacher Rindenoperationen auf den Sehakt.

Von

Sigm. Exner.

Gerade dreißig Jahre nach den grundlegenden Entdeckungen von Fritsch und Hitzig, durch welche die Lehre von der Lokalisation der Hirnrinden-Funktionen neu begründet worden war, hat der letztere in neuester Zeit (1900) abermals Erfolge von Rindenoperationen publiziert, die geeignet erscheinen, das dunkle Feld des Rindenmechanismus wenigstens stellenweise einigermaßen zu erhellen. Ich erinnere kurz daran, daß die nach Vernichtung von Anteilen der motorischen Rinde beim Hunde in der Regel zur Beobachtung kommenden Sehstörungen hemiamblyopischer Art nicht auftreten, wenn vorher die Stelle A_1 von Munk an demselben Tiere exstirpiert worden war. Hitzig zeigte aber weiter, daß auch, wenn zuerst die Läsion in der motorischen Rinde gesetzt worden war, und man abwartet bis die Hemiamblyopie geschwunden ist, eine solche nicht neuerdings auftritt, wenn die Stelle A_1 in einer zweiten Operation zerstört wird. Auch konnte Hitzig im Anschlusse an frühere Erfahrungen von Luciani und Seppilli, und von Loeb feststellen, daß eine Hemiamblyopie, welche nach Entfernung eines Stückes der Occipitalrinde entstanden und im Laufe von Tagen oder Wochen wieder geschwunden war, neuerdings auflebe, wenn nun an der anderen Hemisphäre eine analoge Operation ausgeführt wird. Diese hier nur flüchtig skizzierten Resultate forderten zur Nachprüfung auf, und ich veranlaßte Dr. Shinkichi Imamura aus Tokio in meinem Laboratorium diese Versuche zu wiederholen. Er tat dies in eingehender Weise, indem er das Operationsfeld mannigfaltig variierte, auch die Versuche Hitzigs in anderer Weise modifizierte, wobei er die Resultate desselben in allen wesentlichen Punkten bestätigen konnte. H. Munk hatte unterdessen auch eine Nachprüfung vorgenommen, auf Grund deren er die Angaben Hitzigs bestritt.

Die von Hitzig gefundenen, von Imamura bestätigten Tatsachen erschienen äußerst rätselhaft, und auch der Entdecker hat keine Erklärung für dieselben mitgeteilt, die ihn zu befriedigen vermochte. Gestatten Sie, meine Herren, daß ich versuche eine solche Erklärung zu geben, d. h. die geschilderten Operationserfolge in den Kreis der uns bekannten Tatsachen einzureihen.

Vorher muß ich aber Ihre Aufmerksamkeit auf drei Punkte der physiologischen und pathologischen Psychologie lenken.

1. Um zu einem Verständnisse zu gelangen, müssen wir von der Anschauung ausgehen (die ich an anderem Orte ausführlich dargelegt habe), daß eine Gesichtswahrnehmung dann zu stande kommt, wenn die Erregungen der Sehnervenfasern, nachdem sie in den subkortikalen Zentren eine erste Verarbeitung erfahren haben, durch die Sehstrahlung dem Hinterhauptslappen zugeführt werden, und sich von da aus durch unzählige Ganglienzellen und Assoziationsfasern über die Gehirnrinde ausbreiten, indem sie durch die Anregung gewisser Gebiete bewußte Farbenempfindungen, durch Anregung anderer, und zwar wesentlich der motorischen Rindengebiete zu Lokal- und Richtungsempfindungen Veranlassung geben, u. s. w. Denken Sie, daß in solcher Weise auch alle im individuellen Leben erworbenen Assoziationen anklingen werden, so ist klar, daß beim Auftreten einer Wahrnehmung ein Erregungskomplex in der Rinde entstehen muß, der sich über den größten Teil der Hemisphäre, vielleicht auch der anderen Hemisphäre ausbreiten wird. Tritt dieser Erregungskomplex auf, ohne daß er durch die Sehstrahlung angeregt worden ist, dann haben wir es nicht mit der Wahrnehmung jenes Objektes, sondern mit der Vorstellung desselben zu tun.

2. Es erhellt aus dem Gesagten, daß es in pathologischen Fällen defekte Wahrnehmungen und Vorstellungen geben müsse. Dies trifft auch zu. Ich erinnere an den Fall Charcots in welchem ein Patient erklärt, er wisse, daß seine Frau schwarze Haare hat, könne sich dieselben aber nicht vorstellen, an verschiedene Formen der Aphasie, u. s. w. Ist eine Vorstellung defekt geworden, so kann ihre Verwendung wieder erlernt werden, nur werden dann andere Bahnen in Tätigkeit geraten. Ein Mensch, der beim Lesen gewohnt ist, im Stillen mit zu artikulieren, wird nach Verlust seiner Artikulationsrinde zunächst nicht mehr lesen können, weil seine Vorstellung eines Wortes mit den betreffenden Artikulationsimpulsen verknüpft war, und nun defekt geworden ist. Er wird das Lesen aber wieder erlernen, indem sich zwischen der Vorstellung des Objektes und der der optischen Schriftzeichen für dasselbe Assoziationen ausbilden, welche die bis dahin bestandenen Assoziationen mit den Artikulationscentren ersetzen.

3. Es können ganze Erregungskomplexe, wenn sie für die Denkvorgänge minderwertig sind, zeitweilig oder dauernd aus dem

Bewußtsein ausgeschaltet werden. Ich erinnere an den Mikroskopiker, der mit einem Auge beobachtet, und die Eindrücke des anderen offen gehaltenen Auges ignoriert. Der größte Teil der Sinneseindrücke wird in jedem Momente unterdrückt. Im Traume kommen auch regelmäßig solche Ausschaltungen vor. Noch auffallender ist dieses natürlich in pathologischen Fällen. Ein Mensch, der ein normales und ein kurzsichtiges Auge hat, pflegt mit letzterem zu lesen, wobei er die Eindrücke des ersteren unterdrückt; auf der Straße aber sieht er mit diesem, und unterdrückt die verwaschenen Eindrücke des kurzsichtigen Auges. Ich erinnere an die unzähligen Hysterischen, die die Eindrücke einer ganzen Körperhälfte aus dem Bewußtsein ausschließen, oder den ganzen Sprachkomplex einer ihnen sonst geläufigen Sprache, die sie nun weder gebrauchen noch verstehen etc.

Kehren wir nun zu den Operationsergebnissen von Hitzig und Imamura zurück.

Zunächst muß auffallen, daß man nach Operationen an den verschiedensten Rindenstellen immer eine und dieselbe Form von Hemiamblyopie bekommt. Dies erklärt sich aus dem Unterdrücken des nun defekt gewordenen Erregungskomplexes, der der Wahrnehmung zu Grunde liegt. Wenn Imamura mit einer glühenden Nadel jene im Stirnhirn gelegene Stelle zerstörte, deren Reizung die typische Blickbewegung, d. h. Wenden des Kopfes und — im Kopfe — der Augen nach einer Seite bewirkt hatte, so zeigte das Tier merklich die gleiche Sehstörung, als wenn er eine hundertfach größere Fläche des Hinterhauptlappens exstirpierte. Das Tier hat eben den ganzen Erregungskomplex aus dem Bewußtsein ausgegeschaltet, denn eine Wahrnehmung, die nicht mehr assoziativ die Aktion des „Anschauens“ auslöst, ist für dasselbe wertlos.

Allmählich schwindet die Sehstörung wieder, indem die nützlichen Assoziationen auf anderem Wege gefunden werden, wie beim Wiederlernen des Lesens der genannten Aphasischen. Hier werden diese anderen Assoziationen in der gesunden Hemisphäre zu suchen sein, indem der ganze Wahrnehmungsmechanismus derselben durch Balkenfasern in Tätigkeit gesetzt wird. Auch beim kranken Menschen kennt man eine solche Restitution durch die andere Hemisphäre. (Aphasische Kinder, die neu sprechen lernen; Lähmungserscheinungen an Gesichts- und Zungenmuskeln u. dergl. m.). Das Wiederaufleben der Hemiamblyopie der einen Seite nach Operationen an der anderen, welches Hitzig beobachtet hat, deutete schon auf einen solchen Ersatz. Die Probe auf diese Betrachtung liegt aber in Versuchen von Imamura, welche zeigten, daß die geschwundene Hemiamblyopie sofort wieder und zwar dauernd da ist, wenn man dem Hunde den Balken durchtrennt.

Diskussion:

Herr Anton: Die mitgeteilten Tierexperimente lassen sich insofern durch die Erfahrung des Klinikers ergänzen, als der Mensch eben allein im stande ist, bei ähnlichen lokalen Hirnverletzungen über seine psychischen Vorgänge Auskunft zu geben.

Zunächst ist es bemerkenswert, daß bei einer beiderseitigen Verletzung der zentralen Sehsphäre die Orientierung im Raume, auch die Unterscheidung von rechts und links verloren wird. Die Tiefenlokalisation, die Abschätzung von Distanzen und Reihen leiden durch nahegelegene Läsionen.

Beachtenswert ist es auch, daß solche Kranke — wenn sie völlig erblinden — davon nicht Notiz nehmen; sie verhalten sich nicht wie erblindete, sondern wie solche, die nie sehen gelernt haben. Auch die optische Phantasie leidet schwere Einbuße. Endlich ist es bekannt, daß auch beim Menschen Seelenblindheit eintritt. Alle diese Beobachtungen bestätigen, daß die Störung der assoziativen Leistungen bei solchen Laesionen stark in Betracht kommt.

Herr Sommer: Der gehörte Vortrag ist geeignet, die Brücke zwischen den sogenannten organischen und funktionellen Nervenkrankheiten zu schlagen. Viele Ausfallerscheinungen nach derartigen Hirnzerstörungen z. B. nach Apoplexieen sind nicht unmittelbar von der getroffenen Stelle abhängig, sondern stellen indirekte Funktionsstörungen dar, die einer Rückbildung fähig sind. Es gilt für das Nervensystem, wie für das Vorstellungsleben der Satz, daß durch Ausfall eines Teiles ein ganzer Komplex gestört werden kann. Dieses funktionelle Moment der organisch bedingten Krankheiten ist therapeutisch sehr wichtig. Viele Ärzte verhalten sich noch rein negativ, sobald sie organische Nervenerkrankungen vor sich haben, während eine Berücksichtigung des funktionellen Bestandteiles bei der Behandlung viel Nutzen stiften kann. Es ist unrichtig, dieses Moment ohne weiteres als hysterisch zu erklären, es beruht auf der funktionellen Verknüpfung verschiedener Teile zu Komplexen.

Die Erkennung von Buchstaben und Worten bei momentaner Beleuchtung.

Von

F. Schumann.

Die Hauptquelle der Erkenntnis wird für den Psychologen immer die Selbstbeobachtung bleiben, durch die allein Bewußtseinstatsachen festgestellt werden können. Da nun die Selbstbeobachtung eine Kunst ist, die man nur durch gewissenhafte Übung sich aneignen kann, so werden Versuche, die hierzu besonders geeignet sind, immer willkommen sein. Solche Versuche sind nun meiner Erfahrung nach die tachistoskopischen, falls man den Versuchspersonen die Aufgabe dabei stellt, die momentanen Gesichtseindrücke nach den verschiedensten Richtungen hin zu beurteilen. Außerdem führen diese Untersuchungen auch zu interessanten und wichtigen Ergebnissen.

Zur Exposition benutze ich ein großes Rad von ca. $^3/_4$ m Durchmesser, welches von einer in Kugellagern laufenden Achse getragen und mittels Schnurlauf durch einen Elektromotor getrieben wird. Die Peripherie des Rades bildet ein ca. 10 cm breiter Blechstreifen, der in 8 Teile zerlegt werden kann. Einer dieser Oktanten trägt einen Spalt von variierbarer Breite, und ein benachbarter Oktant einen verschiebbaren, unter 45° gegen die Ebene des Rades geneigten Spiegel. Ein Fernrohr ist nun so an dem Apparate angebracht, daß dessen Gesichtsbild durch den Blechring verdeckt und nur dann für einen Moment abgedeckt wird, wenn der Spalt am Objektive vorbeipassiert. Auf diese Weise lassen sich einer durch das Fernrohr blickenden Versuchsperson verschiedene Objekte (Buchstaben, Wörter und dergleichen) für eine beliebige, genau meßbare Zeit sichtbar machen. Mehr oder weniger schnell darauf folgend kann mit Hilfe des Spiegels ein intensives Licht in das Fernrohr geworfen und dadurch das von der Exposition zurückgebliebene positive Nachbild zerstört werden. (Verfahren von Baxt.)

Man kann nun die Versuchspersonen auf die verschiedensten Einzelheiten achten lassen und am Schluß jedes Versuchs durch vorsichtig gestellte Fragen feststellen, wie weit ihnen das gelungen ist. Die wichtigsten hier in Betracht kommenden Fragen sind etwa die folgenden:

1. War das Wahrnehmungsbild der Buchstaben bezw. des Wortes noch im Bewußtsein vorhanden als der auslöschende Reiz eintrat?

2. War der Erkennungsvorgang schon vollendet, als der auslöschende Reiz eintrat, oder störte dieser etwa den Erkennungsvorgang?

3. Zerstörte der auslöschende Reiz sofort die noch bestehenden Wahrnehmungsbilder der Buchstaben, oder trat er zuerst etwa nur auf dem weißen Hintergrunde der Buchstaben auf, während diese selbst noch weiter sichtbar blieben?

4. Wurden alle Buchstaben gleich deutlich gesehen, oder waren etwa die erkannten Buchstaben deutlicher als die nichterkannten?

5. Stellten sich im Momente des Lesens auch gleich die Lautbilder der Buchstaben bezw. des Wortes ein?

6. Wurden die Buchstaben gleichzeitig erkannt oder successiv?

7. Wurden die erkannten Buchstaben (bezw. das erkannte Wort) in dem Momente, wo sie zu Protokoll gegeben wurden, im Geiste vom visuellen Erinnerungsbilde abgelesen, oder waren etwa in diesem Momente nur noch reproduzierte Lautbilder bezw. Bewegungsbilder vorhanden?

Während bei den ersten Versuchen die meisten Personen über diese und eine Reihe weiterer Fragen keine sichere Auskunft zu geben vermögen, stellt sich doch die Fähigkeit bei vielen allmählich ein, so daß man bei längeren Versuchsreihen eine große Zahl von Aussagen über das innerlich Erlebte erhält, welche wichtige Hinweise auf eine Analyse des Erkennungsvorganges geben. Ich stelle im folgenden einige der Hauptresultate zusammen:

1. Das positive Nachbild der Buchstaben und Wörter persistiert häufig auch bei Helladaptation ganz überraschend lange. Man kann mit der Exposition unter günstigen Bedingungen auf wenige σ heruntergehen, und der auslöschende Reiz stört dann in vielen Fällen noch den Erkennungsvorgang, wenn er 200 oder gar 300 σ nach der Exposition eintritt. Mit dieser Tatsache hängt das bekannte Phänomen zusammen, daß bei einer Exposition von wenigen σ fast ebensoviel Buchstaben erkannt werden, wie bei einer Exposition von 200—300 σ.

2. Die Wahrnehmungsbilder der Buchstaben werden nicht immer beim Eintreten des auslöschenden Reizes durch diesen sofort zerstört, bleiben vielmehr häufig auf hellleuchtendem Grunde weiter bestehen.

3. Die erkannten Buchstaben werden keineswegs immer deutlicher gesehen als die nichterkannten. Es kommt einerseits vor, daß etwas verschwommene Gesichtsbilder erkannt werden, und andererseits, daß ganz deutlich gesehene Buchstaben unerkannt bleiben. Zuweilen geben die Versuchspersonen mit dem Ausdruck der Verwunderung an, daß sie die 6 oder 7 exponierten Buchstaben sämtlich sehr deutlich (schwarz auf weißem Grunde, mit scharfen Konturen) gesehen, trotzdem aber keinen einzigen erkannt hätten. Aus einigen weiteren, teilweise schon bekannten Tatsachen läßt sich schließen, daß bei den erkannten Buchstaben die von früheren Wahrnehmungen zurückgebliebenen optischen Residuen wirksam sein müssen.

4. Die Angabe Messmers (Archiv f. d. ges. Psych. II, S. 206), daß auch bei einer Expositionszeit von wenigen σ noch Aufmerksamkeitswanderungen möglich sind, kann ich bestätigen. Einige zuverlässige Versuchspersonen erklärten mir öfter bei solchen Expositionszeiten, daß sie die 6 erkannten Buchstaben sämtlich von links nach rechts durchlaufen hätten. Sie waren zuerst sogar geneigt anzunehmen, daß sie der Reihe nach fixiert hätten. Ebenso konnte auch ein successives Erkennen der Wörter sicher konstatiert werden. Nur bei sehr geläufigen Wörtern wurde von einer Succession nichts bemerkt.

5. Fordert man wenige Sekunden nach der Exposition die Versuchspersonen auf, die erkannten Buchstaben anzugeben, so sind manche von ihnen schon außer stande, auch nur ein einigermaßen deutliches visuelles Erinnerungsbild zu reproduzieren. Bei ihnen rufen die visuellen Wahrnehmungsbilder sofort die entsprechenden Lautbilder bezw. Bewegungsbilder hervor, und diese werden allein behalten (akustischer bezw. akustisch-motorischer Typus). Von den übrigen Versuchspersonen stützt sich auch nur der kleinere Teil ganz allein auf die visuellen Erinnerungsbilder (visueller Typus); bei den meisten wirken Gesichtsbilder, Lautbilder und Bewegungsbilder zusammen. Diese beiden Typen fallen zum Teil mit den beiden von Messmer aufgestellten (objektiver und subjektiver Typus) zusammen.

6. Die Beobachtung von Erdmann und Dodge, daß Wörter von 22 Buchstaben bei einer Exposition von 0.1 Sek. in allen Teilen deutlich gesehen werden können, habe ich nur bei visuellen Versuchspersonen bestätigt gefunden. Ebenso tritt auch nur bei Personen von diesem Typus die merkwürdige Erscheinung auf, daß an Stelle des exponierten Wortes ein anderes, ihm nur der optischen

Gesamtform nach ähnliches angegeben wird, das die Versuchsperson gleichwohl mit sinnlicher Deutlichkeit gesehen haben will.

Bei den zum akustischen Typus gehörigen Versuchspersonen kommt es nicht selten vor, daß beispielsweise von 6 exponierten Buchstaben nur etwa die ersten drei oder vier erkannt werden, daß aber hinterher noch die Lautbilder der letzten Buchstaben auftauchen. Werden Wörter von ca. 14 Buchstaben exponiert, so erhalten solche Versuchspersonen — selbst bei der relativ langen Expositionszeit von 0,1 Sek. — nur selten ein in allen Teilen deutliches Wahrnehmungsbild und zwar nur bei besonders geläufigen Worten. Meistens wird nur ein Teil der Buchstaben (ca. 5—7) deutlich gesehen, während der Rest mehr als ein verschwommener grauer Fleck erscheint. Trotzdem wird aber häufig das richtige Lautbild wachgerufen. Ja, es kommt sogar bei sehr kurzen Expositionen vor, daß von einem Worte eigentlich kein einziger Buchstabe deutlich gesehen war, daß aber trotzdem ein ganz oder wenigstens teilweise richtiges Lautbild reproduziert wurde. In diesem Falle riskieren die Versuchspersonen häufig zuerst gar nicht irgend etwas anzugeben. Erst wenn man sie fragt, ob denn gar kein Wortbild aufgetaucht sei, nennen sie das betreffende Wort, erklären aber gleichzeitig, daß es unmöglich richtig sein könne, da sie ja eigentlich nur einen ganz verschwommenen Fleck gesehen hätten. Übrigens kommt die Reproduktion eines Lautbildes durch ein ganz undeutliches Gesichtsbild auch gelegentlich bei visuellen Individuen vor, wenn man die Expositionszeiten so weit verkürzt, daß auch bei diesen Versuchspersonen die Bilder undeutlich werden.

7. Meine Versuche bestätigen die Ansicht, daß mit der Reproduktion der Bezeichnung noch nicht gegeben ist die eigentliche Erkennung eines Wahrnehmungsbildes, für die das Bewußtsein der Zusammengehörigkeit von Wahrnehmungsbild und Lautbild charakteristisch ist.

Einen ausführlichen Bericht über meine Untersuchungen werde ich demnächst in der Zeitschr. f. Psychol. u. Physiol. d. Sinnesorgane veröffentlichen. Ich bemerke übrigens, daß ich bereits im Winter-Semester 1898/99 im Psychologischen Verein zu Berlin mein Tachistoskop demonstriert habe. Schon damals (siehe Zeitschr. f. pädagog. Psychologie, Bd. I, 1899, S. 97 f.) habe ich einige der wichtigsten Resultate erwähnt, nämlich: daß ein akustischer und visueller Typus auch bei diesen Versuchen zu Tage tritt, daß schon ganz undeutliche Gesichtsbilder richtige Lautbilder zu reproduzieren vermögen und daß umgekehrt Buchstaben vollkommen deutlich gesehen sein können, ohne erkannt zu werden.

Diskussion:

Herr Becher: Was versteht Herr Schumann unter den Nachbildern oder Nachwirkungen, die mehrere Zehntel Sek. dauern sollen? Man muß vielleicht zwischen dem eigentlichen Nachbild unterscheiden und zwischen anderen Nachwirkungen, die unter Mitwirkung residualer Elemente zu stande kommen, die aber oft die Lebhaftigkeit und Farbigkeit eines gewöhnlichen Nachbildes haben oder übertreffen, besonders bei bestimmten Individuen. Man darf auch nicht die ganze eigentliche Nachbilddauer zur Expositionszeit rechnen, da die dünnen schwarzen Streifen, aus welchen die Buchstaben bestehen, im Nachbild schnell verschwinden, während das Nachbild selbst noch bestehen bleibt. Das zeigten mir Versuche, bei denen ich größere Nachbilddauer erzielte, indem ich den Reiz intensiver machte oder länger wirken ließ. Ich beleuchtete eine Mattglasplatte von hinten z. B. durch einen starken elektrischen Funken; auf der Platte waren dünne schwarze Papierstreifen aufgeklebt. Aus dem ziemlich lange dauernden Nachbild verschwanden die Streifen mit großer Geschwindigkeit. Man darf zur Expositionsdauer also nur einen kleinen Teil der Nachbilddauer hinzunehmen. Wenn ich die Erdmann-Dodge'schen Beobachtungen für die Nachbilddauer zu Grunde lege, so hat es wohl einen Sinn, weit kürzere Expositionen zu machen. Das ist von Wert für die Frage nach den Aufmerksamkeitswanderungen bei der Exposition, von denen der Herr Vorredner sprach. Da selbst bei den kürzesten Expositionen Wörter von über 20 Buchstaben gut lesbar bleiben, und doch etwa während einer Funkenbeleuchtung die Succession unmöglich ist, scheint die Succession überhaupt nichts zu erklären. Gestützt auf andere Versuche glaube ich, daß die Succession bei Expositionen von $^1/_{10}$ Sek. erst bei der Reproduktion in Betracht kommt.

Herr Stern weist auf die praktische Bedeutung des Ergebnisses hin, daß Personen von visuellem Typus durchaus nicht immer die zuverlässigsten Resultate in Bezug auf visuelle Erinnerungen zu Tage förderten. Ganz ähnliche Beobachtungen hat Stern bei Aussageversuchen gemacht. Visuelle Personen haben eben auch eine starke visuelle Reproduktionsfähigkeit, und so kommen ältere visuelle Gedächtnisbilder leicht fälschend in die geforderte Erinnerung hinein.

Herr Weygandt verweist auf eine Versuchanordnung von Cron & Kraepelin, bei der durch ein Diaphragma Reihen von Wörtern und Silben, die am Kymographion vorbeirotierten, gelesen wurden. Trotz des sich bewegenden Reizes war die Auffassung nicht rein successiv, sondern es ergab sich ein gewisser Rhythmus der Auffassung. Tachistoskopische Versuche von Finzi in den „Psychologischen Arbeiten" zeigen, daß der Zeit zwischen Reiz und Reproduktion ein wichtiger Einfluß zukommt. Sofortige Reproduktion lieferte schlechtere Resultate als eine Zwischenzeit von einigen Sekunden, bis wieder längere Pausen die Reproduktion herabsetzten. Eine Sonderstellung der Reproduktionstreue trat auch hier zu Tage, ganz besonders aber spielt sie eine Rolle in der Psychopathologie.

Herr Elsenhans: Der Einfluß der Bedeutungsvorstellung als Bestandteiles des ganzen Assoziationskomplexes wurde wohl nicht genügend ins Licht gestellt. Es wäre dann 1. der Unterschied des Erkennens der Wörter gegenüber dem der Buchstaben schärfer hervorgetreten, 2. soweit der Einfluß der Bedeutungsvorstellung in Betracht kommt, zu beachten gewesen, daß in Beziehung auf die darin gegebenen Apperzeptionshilfen der Unterschied der erwähnten Typen des Akustikers und des Visuellen mehr zurücktritt.

Herr Henri stellt eine Frage über die Methode, nach der die Zahl der richtig erkannten Buchstaben bei sehr kurzer Expositionszeit zu bestimmen sei. Es kommen nämlich Fälle vor, wo ein oder mehrere Buchstaben wohl erkannt werden, aber nicht reproduziert werden können. Werden z. B. verschiedenfarbige Buchstaben vorgeführt, dann hat man den Eindruck, daß man zwar sechs Buchstaben nebst ihren Farben richtig erkannt hat; bei der Reproduktion aber kann man entweder die Buchstaben oder die Farben richtig angeben, beides zugleich richtig zu wiederholen gelingt schwer. Man kann also methodisch nicht aus der Zahl der richtig reproduzierten Buchstaben auf die Zahl der richtig erkannten schließen.

Herr Wreschner: Die Identifizierung des Unterschiedes von subjektivem und objektivem Typus mit dem von visuellem und akustischem Typus ist dem Vortragenden nicht gelungen, da er 1. nicht angab, warum der Visuelle mehr Fehler macht als der Akustiker, 2. die übrigen Unterschiede zwischen subjektiven und objektiven Typen z. B. das Intervall zwischen dem Seh- und Hersageakt nicht berücksichtigte. Zuzugeben ist, daß der subjektive Typus mehr Vertreter unter den Visuellen als unter den Akustikern findet, weil dieser ein geringeres Sehfeld und mehr Stützen (akustische-visuelle Momente) für das Erkennen und Behalten benutzt.

Die Expositionsdauer ist von großem Einflusse. Der Vortragende legte ja selbst auf die Mitwirksamkeit reproduktiver Elemente einen großen Nachdruck. Diese Mitwirksamkeit ist aber gerade durch das tachistoskopische Lesen ins rechte Licht gesetzt worden.

Herr Ranschburg bestätigt die sich steigernde Einübbarkeit gegenüber komplexen optischen Reizen. Er erwähnt seine Versuche über Auffassung von Zahlenreihen, die zu dem auffallenden Ergebnisse führten, daß die Auffassungsschwelle für gleichzeitige heterogene Reize tiefer liege als für homogene. Künstlich konstruierte Reihen mit teilweise gleichen Bestandteilen führten sicher zu Illusionen, bei Reihen gänzlich heterogener Art erfolgte ungehemmte, richtige Auffassung.

Herr Schumann (Schlußwort):

1. Die Frage des Herrn Becher nach der Natur des von mir erwähnten positiven Nachbildes beantworte ich dahin, daß es sich

nicht um das gewöhnliche periphere, sondern um ein zentrales Nachbild handelt, dessen Dauer in hohem Grade von subjektiven Faktoren abhängig ist. Exponiert man z. B. ein schwer zu erkennendes Wort, so wird die Versuchsperson häufig noch von einem auslöschenden Reize beim Erkennungsvorgang gestört, der nach einer Zwischenzeit von 0,2 Sek. auf die Exposition folgt, während bei einem leicht zu erkennenden Worte das Wahrnehmungsbild nach einer solchen Zeit schon vollständig geschwunden zu sein pflegt.

2. Herrn Weygandt erwidere ich, daß mir die betreffenden Abhandlungen sowohl wie viele andere hierhergehörige natürlich bekannt sind, daß ich aber in Rücksicht auf die späte Abendstunde auf die Literatur näher einzugehen vermieden habe.

3. Die von Herrn Elsenhans herangezogene Bedeutungsvorstellung ist eine nur sekundäre Erscheinung, die sich immer erst an die von mir allein untersuchten Gesichts-, Laut- und Bewegungsbilder der Wörter anschließt.

4. Die von Herrn Henri angeführte Tatsache, daß Buchstaben zwar im Moment erkannt, dann aber sofort vergessen werden können, hat sich auch bei meinen Versuchen gezeigt.

5. Ich habe nicht, wie Herr Wreschner meint, die beiden von mir gefundenen Typen mit den beiden von Messmer aufgestellten vollständig identifizieren wollen. Ich habe nur gesagt, daß teilweise eine Übereinstimmung vorhanden sei. Mir schwebte dabei im Augenblicke besonders vor, daß nur visuelle Versuchspersonen den relativ großen Aufmerksamkeitsumfang besitzen, der nach Messmer zu den wesentlichen Eigenschaften des subjektiven Typus gehört.

Bestimmung der Hörschärfe in Mikromillimetern.

Von

Struycken.

Das einzig richtige Maß für die Intensität einer Schallwelle ist deren Energie. Bei einer harmonischen Schwingung der Luft, wie es die von einer Stimmgabel erzeugte Schallwelle ist, brauchen wir zur Bestimmung ihrer Energie nur die Amplitude zu kennen, da Masse und Zeit in diesem Falle genau bekannt sind.

Wir können nun einmal durch Beobachtung der Schwingungsfigur eines an einer Stimmgabel angebrachten Lichtpunktes die Amplitude der Gabel bis auf $^1/_{20000}$ mm herab finden, ein Verfahren, das ja jetzt auch beim ultramikroskopischen Sehen Anwendung findet. Wir können zweitens — und dies ist die einfachere Methode — das Minimum perceptibile eines Tones auf Grund des Gaußschen Dekrementgesetzes durch Beobachtung einer Gradenigoschen Dreieckfigur berechnen, denn eine richtig gebaute, unbelastete Stimmgabel folgt bei leisem Anschlage ziemlich genau dem genannten Gesetze, sobald nicht die (transversalen) Schwingungen des Stieles beeinträchtigt werden. Der Stiel der Gabel darf deshalb weder festgeklemmt noch mit einem automatischen Anschlagapparate beschwert werden.

Hat man nun durch Beobachtung einer modifizierten, mikrophotographisch hergestellten Gradenigoschen Dreieckfigur, die in eine der Stimmgabelzinken eingefügt und durch eine an der anderen Zinke befestigte Lupe betrachtet wird, die Zeit in Sekunden bestimmt, die die Gabel braucht, damit ihre Amplitude auf ein Zehntel herunterrückt („Dezimierzeit" n), so ist die Amplitude (x) p Sekunden nachdem die Schwingungsfigur eine Amplitude von 1 Mikron angezeigt hat:

$$x = \frac{1}{10^{\frac{p}{n}}} \mu$$

d. h.: der Logarithmus des Minimum perceptibile ist gleich dem Quotienten aus Hörzeit (p) und Dezimierzeit (n).

Stellt man die nach der eben beschriebenen Methode an einer größeren Reihe von Normalhörigen unter verschiedenen äußeren Umständen ermittelten Hörschwellen für einfache Töne von Kontra-C (32 Schwingungen) bis c^4 (2048 Schwingungen) graphisch dar, so bildet die so gewonnene Kurve keine mathematische Linie, sondern einen breiten Streifen, der von ca. 1 mm emporsteigt bis $^1/_{1000000}$ μ für den Bereich g^2 — g^3; für noch höhere Töne nimmt die Kurve allmählich wieder größere Werte an. Es fehlen dabei aber plötzlich auftretende Stellen von erhöhter Tonempfindlichkeit, wie man solche früher aus Berechnungen der Energie annehmen zu müssen glaubte.

Diese, für Stimmgabeln gültigen Amplituden lassen sich nun auch unter gewissen, sogleich zu erwähnenden Bedingungen auf die von der Gabel erregten Luftschwingungen übertragen. Denn mit Hilfe einer Königschen Flamme ohne Membran, sowie durch mikroskopische Beobachtung der Sonnenstäubchen (Dunkelfeldbeleuchtung) kann gezeigt werden, daß unmittelbar in der Nähe und zur Seite der Stimmgabelzinken die Amplitude der Luftteilchen ungefähr mit derjenigen der Gabel übereinstimmt, ohne daß die Masse der Gabel hierauf von Einfluß wäre. Halten wir demnach eine nicht zu schmale Stimmgabel vor den Gehörgang, so wird das Trommelfell von einer Luftwelle getroffen, deren Amplitude kaum von derjenigen der Stimmgabelzinken abweichen wird. Halten wir dagegen die Gabel in einiger Entfernung vor das Ohr, so macht sich der Einfluß der Zinken-Breite und -Länge geltend: nur unter besonderen Umständen ist dann die Amplitude der Luftteilchen noch vom Quadrate der Entfernung abhängig, wie sich chronophotographisch nachweisen läßt.

Untersuchen wir auf die geschilderte Weise Patienten, die Flüstersprache am Ohre noch eben hören, so finden wir ihr Minimum perceptibile für einfache Töne von g^1 bis g^3 etwa 1000 mal größer als das normale. Untersuchen wir in gleicher Weise Patienten, die eben noch Konversationssprache vernehmen, so finden wir für einfache Töne Werte, die 100000 mal größer sind als die normalen. Ganz erloschen endlich ist das Vokalgehör bei Taubgeborenen wie bei Ertaubten, wenn die Schwellen-Amplituden etwa um das 1000000 fache größer sind als in der Norm; doch braucht in diesen Fällen das Gehör für musikalische Töne noch nicht völlig aufgehoben zu sein, da diesen Tönen Luftwellen entsprechen, die jene der Vokale an Amplitude weit übertreffen.

Diskussion:

Herr Guttmann: Die Gradenigosche Originalfigur, die man auch je nach Bedürfnis modifizieren kann, ist für die experimentalakustische Methodik sehr gut brauchbar, wenigstens für die tiefen Stimmgabeln. Die Struyckenschen Angaben über die Transversalschwingungen kann ich nach eigenen Versuchen über Befestigung von Stimmgabeln bestätigen. Sie lassen sich leicht demonstrieren, wenn man den Stiel einer schwach angeschlagenen Stimmgabel abwechselnd transversal, longitudinal und sagittal an die Stirn hält — dann fühlt man deutliche Schwingungen in der ersten Richtung, wenn man keine Vibrationen in den beiden andern Richtungen mehr beobachten kann.

Neue Untersuchungen über Hautsinnesempfindungen.

Von

S. Alrutz.

1. Eine eigentümliche paradoxe Kälteempfindung.

Es ist bekanntlich bewiesen, daß die Kältepunkte der Haut nicht nur bei Berührung mit kalten sondern auch mit recht warmen Metallspitzen Kälteempfindungen auslösen. Auch wenn man die Haut mit warmen Metallflächen reizt, kann man unter Umständen Kälteempfindungen erhalten. Solche Empfindungen nennt man paradoxe Kälteempfindungen.

Indessen kann man auch paradoxe Kälteempfindungen in folgender Weise bekommen. Man setzt einen Gegenstand von Metall, den man durch durchströmendes Wasser auf beliebiger Temperatur halten kann (einen „Temperator" Thunbergs also) auf die Stirnhaut — oben seitwärts. Wenn jetzt die Temperatur ca. 9° Celsius und die Reizdauer ca. 2 Minuten beträgt, so erhält man zuerst starke unangenehme Kälteempfindungen, die gegen das Ende der Reizung sehr schwach werden oder sogar verschwinden. Wenn aber das Reizmittel weggenommen wird, dann merkt man, entweder daß die Kälteempfindung in Stärke beträchtlich zunimmt, oder daß nach einem kleinen Intervall eine neue Kälteempfindung auftritt. Diese sekundäre Kälteempfindung entsteht durch eine Erwärmung von innen durch das Blut und ist also eine paradoxe Kälteempfindung.

2. Die Empfindung der Nässe.

Es ist eine eigentümliche Tatsache, daß die oben erwähnte sekundäre Kälteempfindung naßkalt ist. Warum nennen wir aber eine solche von Berührungsempfindungen freie Kälteempfindung naßkalt? Am einfachsten würde man dieses wohl erklären können, wenn man nachweisen könnte, daß man in den Fällen, wo die Haut „naß" wird, gewöhnlich solche „reine" Kälteempfindungen erhält. Dieses dürfte in der Tat der Fall sein (wie man in verschiedenen Weisen zeigen kann). Es scheint mir darum gar nicht wunderlich, daß, wenn wir einmal reine Kälteempfindungen erhalten, ohne daß jedoch etwas unsere Haut näßt, diese Empfindungen als naßkalte gefühlt und auch so genannt werden.

3. Die Empfindung der Glätte.

Wir haben hier einen ganz einfachen Apparat: senkrecht gespannte Saiten. Wenn man nun die Saiten zwischen die Flächen der beiden fest gegen einander gepreßten Hände bringt und die Hände wagerecht hin und her bewegt, fühlt man eine ganz spezifische und starke Glätte. — Ich gebe hier keine Erklärung des Phänomens — was ich indes zu pointieren wünsche, ist, daß ich finde, daß einfache Druckempfindungen und Glätteempfindungen gar nicht gleich sind. Ich kann mir darum nicht vorstellen, daß die Glätteempfindungen nur als summierte, aufeinander folgende, gleichartige Druckempfindungen aufzufassen sind. Ich glaube also, daß etwas anderes dabei eine Rolle spielt.

4. Die Empfindung des Juckens.

Wenn man eine feine Nadel so leicht wie möglich auf die Dorsalseite der Hand — am besten auf die Knöchel — aufsetzt, so erhält man zwei Gruppen von Empfindungen: die primären, die sofort ausgelöst werden, und die sekundären, die verzögert (nach etwa einer Sekunde) auftreten. Sofort erhält man entweder eine Stichempfindung, oder eine Druckempfindung oder beide oder gar keine; nach einiger Zeit empfindet man fast überall eine eigentümliche verzögerte Empfindung: die sekundäre Schmerzempfindung Goldscheiders. Was ich hier besonders hervorheben möchte, ist, daß diese sekundäre Empfindung die wirkliche Juckempfindung ist. Sie hat gewöhnlich nicht den reinen Stichcharakter der primären Empfindung und sie ist irradiierend, schlecht lokalisiert und höchst unangenehm. Auf Grund dieser und anderer Umstände habe ich die Ansicht ausgesprochen, daß das Jucken durch spezifische Nervenorgane ausgelöst wird (wahrscheinlich durch die freien Nervenenden), die also von denen, die die Stichempfindungen auslösen, verschieden sind.

Intensitätskontrast und psychische Hemmung.

Von

G. Heymans.

Als nackte Tatsache ist in Bezug auf den „Intensitätskontrast“ (speziell bei Lichtempfindungen) nichts weiter gegeben, als daß eine Fläche um so dunkler erscheint, auf je hellerem Hintergrunde sie wahrgenommen wird. Neben der herkömmlichen Deutung dieser Tatsache, nach welcher die Fläche auf gleichhellem Hintergrunde keine, auf hellerem eine verdunkelnde, und auf dunklerem eine aufhellende Wirkung erleiden sollte, ist Raum für eine andere, nach welcher die Fläche nur auf völlig lichtlosem Hintergrunde keine, auf jedem helleren Hintergrunde dagegen eine entsprechend starke, verdunkelnde Wirkung erfährt. Diese letztere Deutung verdient vor jener ersteren berücksichtigt zu werden, da sie einfacher ist, den Voraussetzungen des kausalen Denkens besser entspricht, und außerdem die Aussicht eröffnet, die Tatsachen des Intensitätskontrastes einem umfassenderen Gesetze, demjenigen der psychischen Hemmung, unterordnen zu können. In der Tat machen die vorliegenden quantitativen Untersuchungen über den Helligkeitskontrast es wahrscheinlich, daß jenes Gesetz, nach welchem die hemmende Wirkung eines Reizes seiner Intensität proportional zu setzen ist, auch für die Kontrasterscheinungen gilt.

Diskussion:

Herr J. Cohn: 1. Schwarz bezeichnet der Herr Redner als Fehlen der Empfindung, während es nach Hering physiologisch, jedenfalls aber psychologisch eine entschiedenere Empfindung als Mittelgrau ist. 2. Herrn Heymans Theorie hebt die Analogie von Helligkeits- und Farbenkontrast auf.

Herr Dürr: Gegen die Theorie von Heymans scheint die Tatsache des Randkontrastes zu sprechen. Zur Erklärung derselben kommt nur der Unterschied zwischen allseitiger und dreiseitiger Grauumgrenzung in Betracht.

Herr Heymans ist in Bezug auf die positive Natur der Schwarzempfindung einverstanden; betont aber, daß die Hemmungswirkung dieser Empfindung eine verschwindend geringe ist. — Über die Beziehung zwischen Intensitäts- und Farbenkontrast scheinen ihm genügende Daten noch nicht vorzuliegen. — Den Randkontrast glaubt er durch die bloß einseitige Hemmungswirkung, welche an der Grenze eines Feldes vorliegt, erklären zu müssen.

III.

Gedächtnis.

Bericht über Untersuchungen an einem ungewöhnlichen Gedächtnis.

Von

G. E. Müller.

Redner bespricht das Gedächtnis des Herrn Dr. G. Rückle, Mathematikers in Kassel, und stellt unter Assistenz des Herrn Dr. H. Caspari einige Gedächtnis- und Rechenversuche mit demselben an. Ein Carré von 25 Ziffern sagt derselbe nach einer ca. 19 Sekunden langen Betrachtung sowohl vorwärts und rückwärts als auch in absteigenden Vertikalreihen, spiralig und in schrägen Sekanten her. In gleicher Weise verfährt er mit einem ihm nur einmal in fünfstelligen Zahlen vorgelesenen Carré von 25 Ziffern; und eine ihm ca. 20 Sekunden lang unterbreitete Horizontalreihe von 25 Ziffern sagt er nicht blos vor- und rückwärts, sondern auch als Carré in absteigenden Vertikalreihen, spiralig und in schrägen Sekanten her. Eine ihm unterbreitete Ziffernreihe von 204 Ziffern lernt er in 13 Minuten auswendig. Nachdem er diese Reihe hergesagt hatte und noch in verschiedener Weise hinsichtlich seiner Beherrschung derselben geprüft worden war, lernt er im Versammlungssaale, während Prof. Müller seinen Vortrag über ihn fortsetzt, noch eine Reihe von 102 Ziffern in 3—4 Minuten auswendig.

Dr. R., der erlernte Ziffernreihen auch sehr gut behält, besitzt nicht bloß ein zurzeit einzig dastehendes Zifferngedächtnis, sondern zeigt auch beliebigem anderen Lernmaterial gegenüber ein bedeutend über dem Durchschnitt stehendes Gedächtnis. Der sensorische Typus seines Gedächtnisses ist ein vorwiegend visueller; doch nimmt er in besonderen Fällen auch das akustisch-motorische Gedächtnis wesentlich zu Hilfe. Beim Lernen von Ziffernreihen benutzt er natürliche Hilfen, die ihm infolge seiner mathematischen Kenntnisse zahlreich zufließen; dagegen bedient er sich nicht der Kunstgriffe eines der (ihm übrigens unbekannten) mnemotechnischen Systeme. Die ungewöhnlichen Leistungen von R. beruhen, abgesehen von der Dauerhaftigkeit seiner Assoziationen, wesentlich auf seiner Fähigkeit, die Aufmerksamkeit sofort und höchst intensiv auf das zu Erlernende richten zu können, ferner auf der hohen Schnelligkeit seiner Auffassung, die ihn in kürzester Frist zahlreiche innere Beziehungen und Zusammenhänge des Lernstoffes, vor allem des Ziffernmateriales, erkennen läßt, und vor allem auch auf seiner äußerst geringen geistigen Ermüdbarkeit. Bewußte Reflexionen und Bemühungen, für die verschiedenen Lernstoffe und Arten der Vorführung des Lernmaterials die zweckmäßigste Art der Erlernung ausfindig zu machen, spielen bei R. gleichfalls eine Rolle. Als Rechner ist R. überall da, wo ihm seine zahlentheoretischen Kenntnisse wesentlich von Nutzen sein können, Inaudi und anderen Rechenkünstlern weit überlegen. Betreffs der elementaren Operationen des Addierens und Subtrahierens steht er etwa in gleicher Linie wie Inaudi; im Multiplizieren dagegen wird er von diesem übertroffen, weil dieser als professioneller Rechenkünstler die Lösungen von weit mehr Multiplikationsaufgaben auswendig weiß als der viel weniger geübte R.

Diskussion:

Herr Fuhrmann fragt an, ob in dem vorgetragenen Falle auch die Gall-Möbiussche Theorie in Erwägung gezogen worden sei.

Herr Elsenhans: Bei der Produktion der Zahlen ist ein dreiteiliger Rythmus zu Tage getreten, lang kurz lang, der zeigt, daß der Komplex von drei Zahlen wieder in 2 zerfällt. Ebenso gliedert Dr. R. ja rückwärts in Reihen von Komplexen von 6 Zahlen. Es wäre interessant zu erfahren, ob die Darbietung der Zahlen in einer einzigen großen Reihe nicht eine bedeutende Erschwerung bedeuten würde. Zweitens beweist der Umstand, daß Dr. Rückle bei der Kombination mit Farben die Farben sich nicht zugleich einprägte, daß die Lokalisation für ihn wesentlich ist. Die räumlich-systematische Einordnung der Zahlen (teilweise verbunden mit Merkworten) ist übrigens ja ein altes Hilfsmittel der Mnemotechnik. Drittens erhebt sich die Frage, wie sich in manchen dieser Fälle merkwürdiger Rechenleistung das bloße Zahlengedächtnis zum bloß durch häufige Einübung abgekürzten Rechnen verhält, z. B. bei einem Rechenkünstler (Grindberg), der beliebige Zahlen von 1—50 in einigen Sekunden auf die dritte Potenz erhebt. Der Unterschied scheint ein fließender zu sein.

Herr Weygandt fragt nach Tagesdisposition, die bei Lernarbeit sonst stark ins Gewicht fällt; vor allem bei Versuchen während einer durchwachten Nacht sinkt die Gedächtnisleistung beträchtlich. Ferner fragt es sich, wie weit die Gedächtnisleistung toxisch zu beeinflussen ist, durch Alkohol, Morphium oder Brom, die nach mehreren Versuchen das Gedächtnis auch ungünstig beeinflussen.

Herr G. E. Müller erwidert auf die gestellten Fragen Folgendes.

Die Disposition scheint bei Dr. R. in den ersten Stunden nach dem Erwachen weniger günstig zu sein als einige Stunden später, und im allgemeinen muß derselbe erst durch einige Versuche in Zug gebracht werden, um auf seiner vollen Höhe zu stehen. Der Alkoholgenuß hat einen nachteiligen Einfluß auf sein Gedächtnis bisher nicht ausgeübt.

Nach den eigenen Aussagen des Dr. R. zerfällt für ihn jeder sechsziffrige Komplex in zwei Hälften, die er miteinander vergleicht, um durch Feststellung einer zwischen ihnen bestehenden Beziehung den Zusammenhalt des Komplexes noch fester zu gestalten. Was die Lokalisation der zu erlernenden Komplexe anbelangt, so findet dieselbe bei Dr. R. ebenso wie bei jedem anderen Lerner statt. Das lokalisierende Lernen (die Assoziierung der Komplexe mit ihren absoluten Stellen) ist nicht die Spezialität irgend welcher Mnemotechniker, sondern, wie sich durch geeignete Verfahrungsweisen dartun läßt, spielt dasselbe bei jeder Versuchsperson eine mehr oder weniger große Rolle. Und jede Art der Anordnung oder Schreibweise einer zu erlernenden Reihe, welche die Lokalisation der Komplexe erschwert, muß ebenso wie bei anderen Versuchspersonen auch bei Dr. R. die Erlernung erschweren. Der Umstand, daß letzterer bei der Erlernung einer Reihe verschieden gefärbter Ziffern (ebenso wie Diamandi) die Farben nicht zugleich mit den Ziffern lernt, hat mit der Lokalisation nichts zu tun, sondern ist dadurch bedingt, daß dem Dr. R. die grauen Ziffernkomplexe geläufige und vertraute Komplexe sind. In leicht begreiflicher Weise sucht er die Reihe in solchen Komplexen zu lernen, die ihm geläufig sind und leicht haften, also in grauen Ziffernkomplexen. Die Farben lernt er dann auf wesentlich akustisch-motorischem Wege hinzu.

Die Gall-Möbiussche Vermutung wird in der eingehenderen Berichterstattung über das Gedächtnis von Dr. R. berührt werden.

Experimentelles über die Assoziation von Vorstellungen.

Von

Arthur Wreschner.

Wreschner stellte mehr als 20000 Versuche an Gebildeten und Ungebildeten, männlichen wie weiblichen Geschlechtes, sowie an Kindern an. Die Reizworte waren den verschiedensten Gebieten entlehnt und wurden teils akustisch, teils optisch dargeboten. Die Versuchsperson gab stets ihre inneren Erlebnisse während des Assoziationsprozesses zu Protokoll; die Zeit wurde vermittelst des Hippschen Chronoskops gemessen. Wr. beschränkte sich vorläufig, die Ergebnisse der quantitativen Analyse mitzuteilen. Es zeigte sich zunächst, daß die Assoziationszeit (abzüglich der Reaktionszeit) bei optischem Verfahren größer ist als bei akustischem. Von bedeutendem Einflusse war die grammatikalische Form des Reizwortes: bei den Abstrakta war die Zeit stets am längsten; die kürzeste Zeit beanspruchten bei Ungebildeten die Verba, bei Gebildeten die Adjektiva. Auch insofern war der Bildungsgrad von Einfluß, als stets die Ungebildeten eine fast doppelt so lange Zeit benötigten als die Gebildeten; die längste Zeit erforderten die Kinder. Innerhalb der genannten 4 Klassen von Reizwörtern unterschied Wr. wiederum zahlreiche inhaltlich verschiedene Gruppen. Das Geschlecht zeigte sich insofern von Einfluß, als unter Ungebildeten wie unter Gebildeten die Männer schneller assoziierten als die Frauen. Wurde dasselbe Reizwort in einem Abstande von mindestens 7 Tagen derselben Versuchsperson wiederholt gegeben, so fanden sich bei der ersten Wiederholung noch ca. 60 %, und bei der achten Wiederholung 20 % neue Antworten; die Anzahl der letzteren war übrigens am größten bei den Abstrakta, am kleinsten bei den Adjektiva. Berechnet man die Anzahl der möglichen Wiederholungen einer einmaligen Antwort und setzt sie in Beziehung zur Anzahl der wirklichen Wiederholungen, dann kommt die kleinste Zahl auf die erste und die größte Zahl auf die letzte Antwort.

Eine andere Reihe von Versuchen ließ der Versuchsperson nicht freie Wahl in Bezug auf die Antwort, sondern schrieb eine genau bestimmte (z. B. Gegensatz, Überordnung, Teil etc., im ganzen 26 verschiedene Arten) vor. Es zeigte sich, daß am schnellsten der Gegensatz, am langsamsten die Ursache gefunden wurde. Die Zeit scheint (das endgültige Resultat konnte Wr. noch nicht mitteilen) bei einer und derselben Assoziationsart kürzer zu sein, wenn sie frei gewählt, als wenn sie verlangt wird.

Schließlich teilte Wr. noch das Ergebnis zweier Massenversuche mit, in denen je 5 Adjektiva, Konkreta, Abstrakta und Verba jedesmal ca. 30 Studenten und Studentinnen zugerufen wurden. Die Antworten der einzelnen Versuchspersonen unterschieden sich voneinander am meisten bei den Abstrakta, am wenigsten bei den Adjektiva; die Antworten der Damen zeigten eine größere Mannigfaltigkeit als die der Herren. Die Ergebnisse dieser Versuche verwertete Wr. auch in der Weise, daß er die Antwort auf ein Reizwort als eins zählte, wenn sie nur von einer Versuchsperson, als ein Drittel, wenn sie von drei, als ein Zehntel, wenn sie von zehn Versuchspersonen u. s. w. gegeben wurde. Auf diese Weise erhielt er für jede Versuchsperson ein gewisses Maß ihres Wort- oder Vorstellungsschatzes, oder wenn man will, ihrer Originalität oder Originalitätssucht. Jedenfalls ergaben sich auf diese Weise ganz bedeutende individuelle Differenzen.

Diskussion:

Herr Ebbinghaus macht darauf aufmerksam, daß die großen Verschiedenheiten der Resultate, z. B. für Männer und Frauen, Gebildete und Ungebildete, jedenfalls zum Teil zusammenhängen mit dem für die Reizung benutzten Wortschatz. Jedes Individuum bewegt sich mit Leichtigkeit und Schnelligkeit in einem gewissen Wortkreise; je mehr Worte ihm nun vorgeführt werden, die seinem gewohnten Vorstellungskreise fremd sind, desto mehr entsteht Stutzen, Notwendigkeit von Überlegung und Verlängerung der Zeiten, ohne daß deshalb das gewöhnliche Denken eines solchen Individuums irgendwie langsamer zu sein braucht.

Herr Marbe schätzt die von Wreschner abfällig beurteilten qualitativen Versuche über den Assoziationsvorgang ebenso hoch wie die quantitativen. Er sucht zu zeigen, daß die Wreschnerschen Schlüsse über das Verhältnis der Versuchsresultate zu der Originalität der Beobachter anders ausgefallen wären, wenn Wreschner die Ergebnisse seiner Versuche auch qualitativ ausgewertet hätte.

Herr Sommer: Die Methode, welche Wreschner angewendet und weitergebildet hat, wurde von mir zunächst für psychopathologische Zwecke ausgearbeitet, um den Unterschied der assoziativen Leistungen in einzelnen Gebieten des geistigen Lebens bei verschiedenen Krankheitsgruppen zu studieren. Es haben sich dabei differential-diagnostische Momente in Bezug auf Idiotie, progressive Paralyse, Katatonie, Epilepsie u. a. ergeben. Wreschner hat früher damit einen wertvollen Beitrag zur Idiotielehre geliefert.

Die Reaktionen auf die Reizworte sind in vielen Fällen nicht Assoziationen im engeren Sinne, sondern öfter auch Iterativerscheinungen, gewähren ferner auch manchmal Einblick in intellektuelle Prozesse, ohne daß die Methode einseitig eine Intelligenzuntersuchung bezweckt. In pathologischen Fällen ist auch das völlige Fehlen einer Reaktion sehr zu beachten und erscheint als positives Symptom. Wreschner hat das Verfahren besonders durch Hervorhebung der Verbalbegriffe verbessert, deren eigenartige Stellung in pathologischen Fällen z. B. bei epileptoiden Zuständen hervortritt. Daß die Methode nun auch für die individualpsychologische Differenzierung verwendet wird, entspricht ihrem differential-diagnostischen Grundcharakter. Sie soll Reaktionsarten ohne subjektive Zutat von Seiten des Beobachters herausstellen. Wreschner hat in seinem Vortrag nur eine quantitative Analyse gegeben, ohne damit die qualitative auszuschließen. Im Gegenteil liegt diese durchaus im Sinne der Methode, wobei ich mit Marbes Absichten völlig übereinstimme.

Herr Stern kann die Assoziationsmethode durchaus nicht so schätzen wie der Vortragende, da die Anordnung, bei dem Schein der Einfachheit, doch eine unnatürliche Künstlichkeit besitzt, die auf die wirkliche Beschaffenheit des geistigen Lebens keine bindenden Schlüsse erlaubt. Die durch eine octroyierte Vorstellung abrupt ausgelöste Assoziation und das durch eine Zielvorstellung geleitete Denken sind zwei durchaus verschiedene Funktionen. Die von Marbe verlangte Selbstbeobachtung der Versuchspersonen als Ergänzung der objektiven Ergebnisse würde Versuche an Ungebildeten und Kindern unmöglich machen.

Herr Ranschburg: Assoziationsversuche für sich können nie der Zweck von Intelligenzprüfungen sein, sind aber ein Weg unter den übrigen zum Erkennen der geistigen Anlage und bei der pathologischen Untersuchung sehr wertvoll. Eigene Resultate zeigen, daß Ungebildete zwar länger reagieren, daß es aber den Anschein hat, als wären die Reaktionen nur deshalb länger, weil Ungebildete mehr in Bildern denken, die Worte weniger in Bereitschaft halten als die Gebildeten, deren Assoziationen häufig der bloße Verbalismus beeinflußt.

Herr Wendt: Ich will nur mit einigen Worten zu Gunsten der Schnelligkeit des Assoziationsverlaufes bei Damen sprechen. Ich habe sehr eingehende vergleichende Versuche darüber angestellt und war in der günstigen Lage, das reiche Versuchsmaterial an einer Lehrer- und Lehrerinnenbildungsanstalt benützen zu können. Es geschah mit großer Vorsicht: es wurden Mädchen und junge Männer zwischen 18—20 Jahren mit gleichen Anlagen, gleicher Gesundheit und bei möglichst gleichen Lebensbedingungen gewählt und Assoziationsversuche auf schwierigeren Gebieten — Logik, Psychologie und Pädagogik — angestellt. Die Ergebnisse fielen hinsichtlich der Schnelligkeit zum Teil wesentlich zu Gunsten der Damen aus. Wie wichtig allerdings die Bildung ist, ergab sich bei der Heranziehung von gleichaltrigen, aber minder gebildeten Kandidatinnen des Bildungswesens für Kindergärtnerinnen. Hier waren die männlichen Individuen im Vorteile. Sehr wichtig ist es, daß die Vergleichungen sich auf den gleichen Interessengebieten bewegen. Die Versuche werden fortgesetzt und Resultate jedenfalls nicht zu Ungunsten, sondern eher zu Gunsten der Frauen ergeben.

Herr Wreschner (Schlußwort): Die qualitative Analyse wurde nur nicht mitgeteilt, weil sie der Vortragende noch nicht angestellt hat; sie ist natürlich mindestens eben so unerläßlich wie die quantitative. Selbst die Kinder mußten jedesmal ihre Reaktion begründen. Assoziationen erschöpfen nicht den ganzen intellektuellen Prozeß, aber bilden einen genau umschriebenen und wohlbekannten Vorgang, der allein ein Thema bildet. Den Einfluß der Bekanntheit des Reizwortes stellte gerade mein Vortrag in den Vordergrund; übrigens tritt der Unterschied zwischen den Geschlechtern im Gegensatz zur Annahme von Ebbinghaus bei den Abstrakta weniger deutlich hervor als bei den Adjektiva oder Konkreta. Die abnorm langen Zeiten dürfen nicht willkürlich ausgeschaltet werden, sondern sind durch eine genügend große Versuchszahl unschädlich zu machen. Der Marbesche Satz über die Beziehung von Häufigkeit und Zeit der Assoziation wird durch meine Versuche bestätigt. Ob die zuletzt vorgeschlagene Methode die Originalität oder den Wortschatz oder die Originalitätssucht oder dgl. mißt, ließ der Vortragende offen.

Über das Gedächtnis für affektiv bestimmte Eindrücke.

Von

Kate Gordon.

Die Versuche beschäftigten sich mit der Frage, ob die Annehmlichkeit bezw. Unannehmlichkeit gewisser visueller Erlebnisse einen Einfluß auf die Erinnerung an sie habe. Es wurden Reihen von farbigen Figuren dargeboten. Nach jeder Exposition hatte die Versuchsperson zu sagen, ob sie das Bild „gefällig“, „indifferent“ oder „mißfällig“ gefunden habe, und zum Zwecke der Prüfung ihrer Erinnerung eine möglichst genaue Beschreibung desselben zu geben. Ich habe (nach bestimmten Regeln) jede einzelne Beschreibung daraufhin durchgesehen, wie groß die Zahl der darin richtig angegebenen Punkte war. Die nach dieser Art der Schätzung gewonnenen Tabellen zeigten, daß die Erinnerung an die gefälligen, mißfälligen und gleichgültigen Eindrücke ziemlich gleich genau war. Später wurden dieselben Figuren noch einmal gezeigt mit der nämlichen Aufgabe. Die neuen Resultate stimmten mit den früheren überein. Zu Protokoll wurde außerdem gegeben, 1. welche Reproduktionen bei Betrachtung der Bilder etwa aufgetreten waren, und 2. bei den Wiederholungen, ob das Bild fremd oder bekannt erschien. Das Ergebnis war, daß bei diesen Versuchen kein wesentlicher, durchgängiger Unterschied zwischen angenehmen, unangenehmen und gleichgültigen Eindrücken sich konstatieren ließ weder in Bezug auf die Genauigkeit der Erinnerung, noch in Bezug auf das Wiedererkennen noch auf ihre reproduzierende Kraft. Diese Ergebnisse sprechen gegen die Ansicht, nach der in Lust und Unlust selbstständige Reproduktionsmotive mit individuell-qualitativ variierender Färbung zu erblicken wären.

Diskussion:

Herr Wreschner: 1. Wie verhalten sich ziffernmäßig die von der Versuchsperson angegebenen Gründe für das Gefallen und Mißfallen?

2. Die Zerlegung in einzelne Elemente oder Punkte ist zu willkürlich.

Über die Bedeutung der Ähnlichkeit für das Erlernen, Behalten und die Reproduktion.

Von

Paul Ranschburg.

Versuche, die der Vortragende an sich selbst und an 7 Versuchspersonen einerseits mit heterogenen und andererseits mit einander ähnlichen, d. h. teilweise identischen (homogenen) Silbenreihen und sinnvollen Wortpaaren angestellt hat, ergaben folgende Resultate:

1. Der Gedächtnisumfang für heterogene Inhalte ist weiter, die Gedächtnisfestigkeit größer, die Reproduktionszeit kürzer als für homogene. Das eventuelle raschere Erlernen bei Darbietung einander ähnlicher Inhalte erfolgt nicht primär, sondern unter Zuhilfe-

nahme von Nebenassoziationen (Ordnungszahlen, Urteilen u. s. w., kurz logischen Hilfsmitteln), deren Eigenschaft es ist, bei gehäuften Ähnlichkeiten rasch zu verblassen.

2. Die Illusionen des Gedächtnisses sind durchweg gesetzmäßige. Sie sind von verschiedener Natur bei heterogenen und bei ähnlichen Inhalten.

3. Schon scheinbar gesicherte, erlernte und soeben richtig reproduzierte psychische Inhalte können durch ihnen ähnliche Inhalte, falls diese während der Perseveration der vorigen einwirken, stark geschädigt und gefälscht werden, während dies bei Einwirkung von heterogenen Reihen unter sonst gleichen Bedingungen nicht erfolgt.

4. Die Erscheinungen der assoziativen und der reproduktiven Hemmung (Müller-Schumann-Pilzecker) sind nicht nur für Assoziationen mit identischen, sondern auch für solche mit ähnlichen Gliedern sicher nachweisbar. Auch bei sinnvollem Material besteht die Ähnlichkeit in der partiellen Identität der Teilvorstellungen.

5. Das Entstehen und Bestehen einer Wahrnehmung oder reproduzierten Vorstellung V im Bewußtsein hängt nicht nur von ihren gegenwärtigen psychophysiologischen Eigenschaften ab, sondern auch in bedeutendem Grade von der Qualität der kurz vorher im Bewußtsein vorhanden gewesenen, sowie der bald hernach auftauchenden Inhalte ab: Sind diese der Vorstellung V heterogen, so wird sie zu einem autonomen, reproduziblen Inhalte des Bewußtseins. Sind sie ihr ähnlich, so verschmelzen die identischen Teile der Vorstellungen V_1, V_2 etc. zu einem Ganzen, in dem sich nun die aufgewendete Arbeit als Übung repräsentiert. Die ursprüngliche Vorstellung V dagegen wird in diesem Falle nicht zu einem autonomen Inhalte der Seele. Ihre Auffassung wird vielmehr in ihrer Selbständigkeit getrübt, und es wird bei dem Versuche sie zu reproduzieren durch gleichzeitiges Auftreten und durch die Konkurrenz der teilweise mit ihr identischen Vorstellungen V_1, V_2 etc. eine Störung verursacht und Gedächtnistäuschungen der Weg gebahnt.

6. Die beim Studium des Einflusses der Ähnlichkeit auf das Gedächtnis zu Tage tretenden Erscheinungen bilden eine neue Stütze für die Annahme, daß die Verschmelzung gleichzeitiger oder einander folgender identischer Bewußtseinsinhalte eine prinzipielle, allgemeingültige Grundeigenschaft der Seele sei. (Erscheint ausführlicher im Journal f. Psychologie und Neurologie.)

Über das Wesen des Reproduktionsvorganges.

Von

R. Müller.

M. kommt auf Grund von Versuchen mit Nachzeichnen von Linien aus dem Gedächtnis, deren Anordnung und Ausführung kurz dargelegt wird, zu dem Ergebnis, daß es in der Analyse des Reproduktionsvorganges unvermeidlich sei, auf die Vorgänge in den Sinnessubstanzen zurückzugehen. Der Reproduktionsvorgang ist keine einfache Wiederholung der gegebenen Wahrnehmung, sondern durch eine Reihe andersartiger Merkmale charakterisiert, so ist er im vorliegenden Falle ein Bewegungsvorgang, der in seinem antizipierten Enderfolg mit der Extension der gegebenen Wahrnehmung übereinstimmt. Die persistierende Veränderung in den Sinnessubstanzen durch die Reizeinwirkung wird als Spur bezeichnet, welche die Bewegung in bestimmter Weise auslöst und im vorliegenden Falle in ihrem Umfange bestimmt, und es wird versucht, diesen Begriff in einer allgemeinen Bedeutung zu entwickeln durch Hinweis auf morphologische Reproduktionsvorgänge (Linsenregeneration bei Tritonlarven) und die Erscheinungen der Vererbung. Der primäre und spezifische Charakter der willkürlichen Bewegung wird bestritten, diese ist physiologisch betrachtet nichts anderes wie eine koordinierte Bewegung, welche aber insofern nicht auf das Reflexschema reduziert werden kann, als in letzterem die zeitlich feste Verbindung zwischen rezeptorischer und motorischer Phase enthalten ist, die in ersterem Falle durch eingetretene Komplikationen völlig verwischt oder aufgehoben ist. Für die psychologische Betrachtung läßt sich das Wesentliche der Willkürbewegung in der Antizipation des Bewegungserfolges erblicken, diesem Momente gegenüber kann dem Erleben von Strebungs- und Gefühlsvorgängen nur eine sekundäre Bedeutung zuerkannt werden.

IV.

Verstandestätigkeit.

Versuche über Abstraktion.

Von

O. Külpe.

Man versteht im allgemeinen unter der Abstraktion den Prozeß, durch den es gelingt, einzelne Teilinhalte des Bewußtseins hervorzuheben und andere zurücktreten zu lassen. Von diesen letzteren, sagt man, wird abstrahiert, abgesehen, sie werden in Abzug gebracht, sie gelangen nicht zur Geltung im Bewußtsein. Die erfaßten Teilinhalte dagegen werden abgelöst, abstrahiert, aus ihrer Verbindung, ihrem Zusammengegebensein mit anderen herausgehoben.

Man hat über die Wichtigkeit und Notwendigkeit dieses Vorgangs viel geschrieben und sich auch über die Ursachen desselben mancherlei Vorstellungen gebildet. Dagegen ist eine genauere Untersuchung des Prozesses selbst noch nicht erfolgt, so daß man z. B. noch nicht weiß, ob es Grade der Schwierigkeit in der Abstraktion gibt, ob Teilinhalte, die abstrahiert werden können, in einem gewissen Zusammenhange miteinander stehen, wie der Prozeß im einzelnen verläuft u. s. w.

Schon im Sommer 1900 unternahm ich mit Herrn Prof. Bryan aus Indiana eine experimentelle Arbeit, die den Prozeß der Abstraktion an kurze Zeit exponierten optischen Objekten untersuchen sollte. Aber das Verfahren litt an einigen Mängeln. Die Objekte waren nicht gleichwertig und ließen darum keine volle Vergleichung derjenigen Resultate zu, die sich auf verschiedene Objekte bezogen. Ferner wurden, um Zeit zu sparen, mehrere Versuchspersonen gleichzeitig bei einer Versuchsreihe benutzt, was den Nachteil hatte, daß ihre schriftlich fixierten Protokolle nicht der so notwendigen Leitung und Kontrolle durch den Versuchsleiter unterstanden. Die Lücken im Protokoll erlauben nicht ohne weiteres den Schluß auf eine entsprechende Lücke im Bewußtsein der Versuchspersonen. Die Reihenfolge der Aussagen über die einzelnen Teilinhalte des gesehenen Objekts wurde nicht selten in einer von meinen Angaben abweichenden Ordnung durchgeführt. Derartige Mängel ließen mir eine Ergänzung dieser Versuchsreihen durch einwandfreieres Material wünschenswert erscheinen. Über die auf diesem Wege gewonnenen Ergebnisse und die dabei befolgte Methode möchte ich im folgenden allein kurzen Bericht erstatten.

Die Versuche wurden mit 3 Versuchspersonen, von denen immer nur eine während einer Beobachtungsreihe benutzt wurde, ausgeführt. Alle drei waren in Beobachtungen dieser Art, bei kurzer Exposition optischer Objekte, von früheren ästhetischen Experimenten her geübt. Ein Projektionsapparat im Dunkelzimmer entwarf auf den weißen Schirm die aufzufassenden Bilder. Durch einen photographischen Momentverschluß war nach einigen Vorversuchen die Dauer von $^1/_8$ Sekunde = 125 σ als zweckmäßigste Expositionszeit festgestellt worden. Bei noch kürzerer Exposition kamen die Farben nicht genügend zur Geltung. Bei noch längerer Exposition war die Erfüllung von mehr als einer Abstraktionsaufgabe während der Expositionszeit nicht ausgeschlossen. Als Objekte dienten auf Pauspapier aufgeschriebene sinnlose Silben, 4 an der Zahl, die sich um den mit Leuchtfarbe angedeuteten Fixationspunkt auf dem Schirm in stets gleichen Abständen gruppierten. Der Radius vom Fixationspunkt zu den an der Peripherie eines Kreises angeordneten Silben betrug 43 cm, was bei der 4 m betragenden Entfernung des Beobachters vom Schirm etwa 1 mm Netzhautdistanz ausmachte. Jede der 4 Silben bestand aus 3 Buchstaben, zwei Konsonanten, die einen Vokal begrenzten. Die gebrauchten 80 Silben der 20 Objekte waren sämtlich voneinander verschieden, die Vokale wenigstens innerhalb eines und desselben Objekts. Ferner war jede Silbe mit einer der 4 Farben *rot, grün, violett* und *schwarz* bezw. *grau* in gleicher Größe geschrieben, wobei von Versuch zu Versuch die Stellung der Farben und die Figur, welche die 4 Silben miteinander bildeten, variierten.

Die Versuchspersonen erhielten eine Einübung durch eine Anzahl Vorversuche mit anderen als den zu den eigentlichen Experimenten benutzten Objekten. Jedes solche Objekt konnte ohne willkürliche Präoccupation angesehen oder bestimmten vorher erteilten Aufgaben gemäß unter einem gewissen Gesichtspunkt aufgefaßt werden. Als solche Gesichtspunkte dienten folgende vier: die Bestimmung der Gesamtzahl von sichtbaren Buchstaben, ferner die Bestimmung der Farben mit ihrer ungefähren Stellung im Gesichtsfelde, sodann die Bestimmung der Figur, welche die Silben miteinander bildeten, und endlich die Bestimmung möglichst vieler einzelner Buchstaben mit Angabe des ungefähren Ortes. Jede dieser 4 Aufgaben wurde einmal an jedem Objekt zur Durchführung gebracht und daneben auch noch jedes Objekt „ohne" Aufgabe einer rein passiven Erwartung dargeboten. In dem Wechsel der Aufgaben wurde ein bestimmter Turnus eingehalten. Denselben befolgte ich bei der Aufnahme des Protokolls. Die Versuchsperson hatte mir sofort nach Verschwinden des Objekts zunächst die Bestimmung im Sinne der Aufgabe zu geben und dann auf meine Fragen nach den anderen Teilinhalten zu antworten. War keine Aufgabe gestellt, so mußte mir die Versuchsperson zuerst über das Auskunft geben, was ihr zunächst besonders aufgefallen war, sie in erster Linie interessiert oder beschäftigt hatte, und dann gleichfalls zu meinen Fragen nach dem übrigen Stellung nehmen. Um zu verhüten, daß sich eine bestimmte Vorstellung über den gleichartigen Aufbau der Objekte ausbildete, wurden von Zeit zu Zeit Vexierversuche eingeschoben, bei denen mehr oder weniger Silben bezw. mehr oder weniger Buchstaben in einer Silbe zur Verwendung kamen. Immerhin ist die Aufgabe *Zahl* durch das regelmäßige Auftreten von 4 Silben à 3 Buchstaben und durch die über die Möglichkeit einer unmittelbaren Zahlbestimmung hinausgehende Zahl von 12 Elementen etwas beeinträchtigt worden.

Die Verarbeitung der 300 Versuche (5 $\times$ 20 für jede Versuchsperson) erfolgte in der Weise, daß neben der Gesamtzahl *(Z)* der über einen Teilinhalt erfolgten Aussagen die Zahl der richtigen *(r)*, falschen *(f)*, unbestimmten *(u)* und unterbliebenen *(k)* Aussagen berechnet und teilweise in $^0/_0$ ausgedrückt wurden.

Von den in Tabelle I niedergelegten Resultaten seien zunächst einige von allgemeiner Bedeutung erwähnt, die für alle 3 Versuchspersonen Geltung haben.

1. Die Gesamtzahl *(Z)* der Aussagen ist durchweg am größten, wo die Aufgabe mit der Aussage zusammenfällt, also wo z. B. die Aussage über die Farben und deren Stellung auf Grund einer gerade darauf gerichteten Aufgabe gefällt worden ist (in der Tab. durch fetten Druck ausgezeichnet). Von dieser Gesetzmäßigkeit ist auch der Fall nicht ausgeschlossen, in dem keine Aufgabe gestellt wurde.

Tabelle I:

Sämtliche Versuchsergebnisse.

Aufgabe	Vp	*Aussagen über* *Zahl* Z	r	f	u	k	*Farben* Z	r	f	u	k	*Figur* Z	r	f	u	k	*Elemente* Z	r	f	u	k
								%	%	%			%	%				%	%		
Zahl	*A*	**20**	**50%**	**50%**			64	31,2	**14,1**	54,7	5%	38	60,5	39,5	15%		**16**	25,0	68,8	20%	**45%**
	D	**20**	**65%**	**30%**	5%		57	14,0	8,8	77,2	5%	33	72,7	27,3	30%	10%	18	61,1	38,9	10%	**55%**
	S	**19**	**75%**	**20%**		**5%**	42	59,5	9,5	31,0		38	71,0	29,0	10%	5%	40	70,0	30,0	10%	30%
Farben	*A*	14	40%	10%	20%	30%	**78**	**48,7**	**23,1**	**28,2**		52	73,1	26,9	5%		2		100		95%
	D	2	5%	5%		90%	**68**	**51,5**	**19,1**	**29,4**		34	88,2	11,8	25%		0				100%
	S	13	45%		20%	35%	**73**	**79,5**	**12,3**	**8,2**		53	77,4	22,6		5%	14	78,6	21,4		75%
Figur	*A*	13	30%	5%	30%	35%	62	27,4	16,1	56,5	5%	**63**	**82,5**	**17,5**			3		100	5%	85%
	D	4	10%		10%	80%	67	4,5	1,5	94,0	10%	**65**	**89,2**	**10,8**			0				100%
	S	12	40%		20%	40%	40	30,0	7,5	62,5	10%	**72**	**88,9**	**11,1**	5%		8	62,5	37,5	10%	70%
Elemente	*A*	13	35%	25%	5%	35%	55	36,4	21,8	41,8		38	55,3	44,7	15%		**91**	**39,6**	**60,4**		
	D	5	25%			75%	57	14,0	8,8	77,2	5%	18	83,3	17,7	15%	40%	**67**	**59,7**	**40,3**	**10%**	**5%**
	S	10	40%		10%	50%	40	77,5	5,0	17,5		38	76,3	23,7	5%	25%	**65**	**72,3**	**27,7**		**5%**
Ohne	*A*	7	5%	5%	25%	65%	56	42,9	12,5	44,6		37	70,3	29,7	15%		5	20,0	80,0	10%	80%
	D	0				100%	43	39,5	16,3	44,2	5%	63	85,7	14,3	5%		6	33,3	66,7	25%	65%
	S	10	15%		35%	50%	65	73,8	9,2	17,0		18	77,8	22,2	15%	45%	63	65,1	34,9	15%	

2. Ebenso ist fast durchweg der Prozentsatz der richtigen Bestimmungen dort am größten, wo Aufgabe und Aussage zusammenfallen. Die zwei Ausnahmen von dieser Regel betreffen die Aussage über die *Elemente* und sind hier wahrscheinlich dadurch bedingt, daß ich ausdrücklich als Aufgabe stellte, möglichst viele *Elemente* zu bestimmen, ohne auf die Richtigkeit der Bestimmung Wert zu legen.

3. Die Anzahl der unterbliebenen Aussagen ist am geringsten, wo die Aufgabe mit der Aussage zusammenfällt. Die einzige Ausnahme von dieser Regel beruht auf einem mißglückten Versuch, indem die Aufmerksamkeit der Versuchsperson örtlich abgelenkt war und keine Zeit mehr hatte, sich den Stellen zuzuwenden, wo die zu bestimmenden *Elemente* sich befanden. Freilich gibt es gelegentlich auch andere Fälle, wo die Zahl der unterbliebenen Aussagen = 0 war, aber nur einen Fall, in dem sie für alle 3 Versuchspersonen = 0 war, nämlich bei den Aussagen über die *Figur* unter der Aufgabe, die *Farbe* zu bestimmen.

4. Die Zahl der unbestimmten Aussagen ist am geringsten, wo die Aufgabe mit der Aussage zusammenfällt. Die einzige Ausnahme betrifft einen Fall, wo die Versuchsperson über die Zahl der *Elemente* erklärte, rechts oben seien 3, unten mehr gewesen, d. h. ein nur partiell unbestimmtes Urteil. Ich habe als unbestimmte Fälle gerechnet: bei der Aussage über die *Zahl*, wenn nur die Zahl der Wörter angegeben wurde oder wenn die Versuchsperson sagte, es sei unbestimmt, wieviel *Elemente* da waren; bei der Aussage über die *Farben,* wenn nur Helligkeit oder Dunkelheit oder Verschiedenheit überhaupt oder Gleichheit der Farben oder die Einheitlichkeit des Farbeneindrucks oder das Überwiegen von Braun bezw. Blau angegeben, oder wenn der genannten Farbe keine Stelle angewiesen wurde; bei der Aussage über die *Figur,* wenn sie nur für viereckig oder für unregelmäßig oder für länglich erklärt oder wenn nur die ungefähre Lage der Ecken bezeichnet wurde; bei der Aussage über die *Elemente,* wenn es hieß, daß große oder kleine Buchstaben, kurze oder lange Silben, Schnörkel, Buchstaben wie *a* oder *m* sichtbar gewesen seien, oder wenn Buchstaben nicht lokalisiert wurden.

5. Die Zahl der falschen Urteile ist für die Aussagen über die *Figur* dort am kleinsten, wo auch die Aufgabe *Figur* war, während sie für die Aussagen über *Zahl* und *Farben* am größten und für die Aussagen über die *Elemente* nahezu ein Minimum ist,

wo die Aufgaben entsprechende waren. Die große Zahl der unbestimmten und unterbliebenen Aussagen in den Fällen, wo Aufgabe und Aussage nicht zusammenfallen, erklärt die Abweichungen von der Regel, daß auch die falschen Urteile dort ein Minimum sind, wo Aussage und Aufgabe einander entsprechen.

Diese Ergebnisse besagen also, daß die meisten, richtigsten und bestimmtesten Aussagen da stattfinden, wo die Aussagen mit den Aufgaben zusammenfallen. Die Abstraktion im Sinne des Hervorhebens gewisser Teilinhalte, die positive Abstraktion, gelingt also am besten, wo vorher eine Präoccupation des Bewußtseins, eine Prädisposition für diese Teilinhalte gegeben oder gesetzt war.

In Bezug auf die andere Seite des Abstraktionsprozesses, das Absehen von anderen Teilinhalten, das Zurücktreten derselben für das Bewußtsein, die negative Abstraktion, lehren die Versuche Folgendes.

1. Die Zahl der Aussagen über die Anzahl der Buchstaben ist ein Minimum für alle 3 Versuchspersonen, wenn jede Aufgabe fehlt. Entsprechend ist die Zahl der unterbliebenen Aussagen hier ein Maximum.

2. Ferner ist die Zahl der unterbliebenen Aussagen über die *Elemente* für alle 3 Versuchspersonen ein Maximum bei der Aufgabe *Farbe.*

3. Sodann ist die Zahl der richtigen Aussagen für alle 3 Versuchspersonen ein Minimum für die *Zahl* bei fehlender Aufgabe, für die *Farben* und für die *Elemente* bei Aufgabe *Figur.*

4. Allgemein gilt, daß die Zahl der unterbliebenen Aussagen größer ist für die Gesamtzahl und für die *Elemente* als für die *Farben* und für die *Figur.*

Aus allen diesen Tatsachen geht hervor, daß von den *Elementen* und ihrer *Zahl* leichter abstrahiert, abgesehen werden konnte, als von den *Farben* und der *Figur.* Damit stimmen die Aussagen der Versuchspersonen überein, die sämtlich erklärten, daß ihnen die Realisierung der Aufgaben *Figur* und *Farbe* leichter erscheine, als die der Aufgaben *Zahl* und *Elemente.* Dabei hingen nach der Aussage der Versuchspersonen die Aufgaben *Farbe* und *Figur* einerseits und die Aufgaben *Zahl* und *Elemente* andererseits zusammen. Diese Behauptung findet insofern ihre Bestätigung, als die Aufgabe *Zahl* ein relativ günstiges Ergebnis für die Aussage über die *Elemente*, aber nicht umgekehrt zur Folge hatte und als die Aufgabe *Farbe* die Aussage über die *Figur* und die Aufgabe *Figur* die Aussage über die *Farben* relativ begünstigte. Am schwersten fiel 2 Versuchspersonen die Bestimmung der Gesamtzahl von Elementen, was mit der besonderen Versuchsanordnung zusammenhängt. Die dritte dagegen fand die Bestimmung der *Elemente* am schwierigsten und hat auch die geringste Zahl richtiger Urteile bei dieser Aussage gegeben.

Damit kommen wir auch auf individuelle Verschiedenheiten, an denen es natürlich bei diesen Versuchen nicht gefehlt hat. Die eine von meinen Versuchspersonen hatte ein ausgesprochenes Interesse an der *Figur* und bestimmte diese bei fehlender Aufgabe fast ebensogut, wie bei entsprechender Aufgabe. Eine zweite wurde besonders durch die *Farben* gefesselt und hatte daneben eine starke Tendenz, die *Elemente* zu bestimmen. Bei fehlender Aufgabe leistete sie in diesen Richtungen fast ebensoviel wie bei entsprechender Aufgabe. Die dritte Versuchsperson wurde namentlich von der *Figur* und den *Farben* in Anspruch genommen, ohne jedoch bei fehlender Aufgabe in diesen Richtungen größere Leistungen aufzuweisen. Im allgemeinen kann man überhaupt finden, daß es für die Größe und Güte der Leistungen nicht vorteilhaft war, ohne Aufgabe dem Objekt gegenüber zu stehen. Mit Rücksicht auf die hier beobachteten Unterschiede läßt sich die erste und zweite meiner Versuchspersonen als ein formaler und ein materialer Typus betrachten, während die dritte eine Mittelstellung einzunehmen scheint.

Von besonderem Interesse ist auch noch die Frage, wie sich Differenzen in der Schwierigkeit der zu erfüllenden Aufgabe äußern. Hier ist zweierlei auseinander zu halten. Erstlich die durch die größere Schwierigkeit der Aufgabe bedingte stärkere Inanspruchnahme der Aufmerksamkeit, die gesteigerte Konzentration, die sich nach geläufiger Vorstellung in einer Verstärkung der Abstraktion im negativen Sinne dieses Wortes äußern muß. Zweitens die durch die größere Schwierigkeit der Aufgabe bedingte schlechtere Leistung, die insbesondere bei denjenigen Aussagen zu konstatieren sein wird, die sich auf die betreffende Aufgabe beziehen. Um diese Frage zu beantworten, wählte ich die Figur, bei der sich Unterschiede der Schwierigkeit am leichtesten und sichersten dadurch konstatieren lassen, daß man unregelmäßige und regelmäßige Figuren einander gegenüberstellt. Auch erklärte eine Versuchsperson ausdrücklich, daß der Konzentrationszustand bei den unregelmäßigen, die Bestimmung erschwerenden Figuren größer sei und mehr absorbiere,

Tabelle II:

Versuche mit den unregelmäßigen Figuren.

Aufgabe	Vp	*Aussagen über* *Zahl* Z	r	f	u	k	*Farben* Z	r	f	u	k	*Figur* Z	r	f	u	k	*Elemente* Z	r	f	u	k
								%	%	%			%	%				%	%		
Zahl	*A*	10	50%	50%			32	40,6	21,9	37,5		16	31,3	68,7	10%		11	36,4	63,6	10%	50%
	D	10	50%	40%	10%		25	16,0	8,0	76,0	10%	14	57,1	42,9	40%	20%	10	60,0	40,0	10%	50%
	S	10	70%	30%			25	52,0	16,0	32,0		19	78,9	21,1		10%	25	60,0	40,0	10%	10%
Farben	*A*	5	40%	10%		50%	40	45,0	20,0	35,0		17	58,8	41,2	10%		0				100%
	D	1		10%		90%	35	54,3	11,4	34,3		15	86,7	13,3	20%		0				100%
	S	6	20%		40%	40%	39	82,1	10,3	7,6		23	73,9	26,1		10%	8	75,0	25,0		70%
Figur	*A*	7	10%	10%	50%	30%	31	35,5	6,5	58,0	10%	31	74,2	25,8			0			10%	90%
	D	1	10%			90%	32			100,0	20%	36	83,3	16,7			0				100%
	S	7	50%		20%	30%	21	23,8	9,5	66,7	10%	36	83,3	16,7	10%		1		100,0	10%	80%
Elemente	*A*	7	30%	40%		30%	28	35,7	28,6	35,7		20	55,0	45,0	10%		48	37,5	62,5		
	D	2	20%			80%	24	25,0	12,5	62,5		6	66,7	33,3	20%	50%	33	48,5	51,5	20%	10%
	S	4	30%		10%	60%	20	70,0	5,0	25,0		16	81,3	18,7	10%	30%	29	68,9	31,1		10%
Ohne	*A*	2		10%	10%	80%	22	45,5	13,6	40,9		16	50,0	50,0	20%		3	33,3	66,7	10%	80%
	D	0				100%	18	55,6	5,6	38,8	10%	33	78,8	21,2	10%		3	33,3	66,7	40%	50%
	S	6	10%		50%	40%	32	71,9	6,2	21,9		3	66,7	33,3	20%	70%	29	55,2	44,8	20%	

als bei den anderen. Zu den regelmäßigen Figuren wurden dabei alle diejenigen gerechnet, bei denen mindestens zwei Seiten einander parallel und gleich waren.

Die Berechnung ergab, daß die 10 unregelmäßigen Figuren bedeutend schlechter bestimmt worden waren, als die 10 regelmäßigen. Die Zahl der Bestimmungsstücke war geringer, besonders aber die Zahl der richtigen Fälle sehr vermindert zu Gunsten der falschen Aussagen. Ebenso war die Zahl der unterbliebenen Aussagen in diesem Falle gesteigert. Das gilt für die Aussage *Figur* nicht nur bei entsprechender, sondern namentlich auch bei heterogener Aufgabe. Dies Ergebnis beweist zunächst nichts anderes, als daß die Größe und Güte der Leistung von der Schwierigkeit der zu realisierenden Aufgabe abhängig ist. Sehen wir uns dagegen die anderen Aussagen an, die bei den unregelmäßigen Figuren gefällt wurden, so zeigt sich im allgemeinen keine nennenswerte Verringerung und Verschlechterung der Leistung. Das hängt bei den Elementen vielleicht damit zusammen, daß hier die Leistungen überhaupt sehr schwach waren, und bei den *Farben* damit, daß die Aufgaben *Farbe* und *Figur*, wie schon früher gezeigt, in einem engeren Konnex miteinander stehen und eine Steigerung der Konzentration auf die *Figur* daher nicht eine irgend wesentliche Herabsetzung der Bestimmbarkeit von *Farben* zu bedeuten braucht. Die Aussagen über *Farben* zeigen zudem für die unregelmäßigen *Figuren* im allgemeinen eher einen kleinen Vorzug, so daß die Leistung hier wahrscheinlich etwas erleichtert war. Auch dieser Umstand mußte einer deutlichen Wirkung der Konzentrationssteigerung auf die negative Abstraktion entgegenstehen. Die Aussagen über die *Zahl* sind bei den unregelmäßigen Figuren im allgemeinen etwas schlechter. Das scheint auf die auch sonst bekannte Abhängigkeit der Zahlbestimmung von der Anordnung des zu zählenden Materials hinzuweisen. Im übrigen ist aus schon hervorgehobenen Gründen auf die Resultate der *Zahl*-Aussagen kein besonderes Gewicht zu legen.

Beschränken wir die Betrachtung auf den Fall der Aufgabe *Figur*, so zeigt sich ein Einfluß der stärkeren Inanspruchnahme gar nicht oder kaum merklich bei den Aussagen über die *Zahl* und die *Farben*, dagegen recht deutlich bei denen über die *Elemente*, wo die *Z, r* und *f* wesentliche Unterschiede gegenüber den die regelmäßigen Figuren mit berücksichtigenden Ergebnissen der Tabelle I aufweisen. Hier liegt eine entschiedene Wirkung der negativen

Abstraktion vor: die größere Absorption, die eine Bestimmung der *Figur* bei den unregelmäßigen Figuren bedeutet hat, ist mit einer wesentlichen Verschlechterung der Leistung für die *Elemente* verbunden. Dieses auch praktisch nicht uninteressante Resultat läßt wiederum erkennen, daß bei unserer Versuchsanordnung die Bestimmung der *Elemente* den schwierigsten Fall repräsentierte, was auch daraus hervorgeht, daß nach Tabelle I unter den im ganzen möglichen 240 Angaben über die *Elemente* höchstens 91 ausgeführt worden sind, während von den 80 möglichen Angaben über die *Farben* einmal 78 erfolgt sind, und daß die Prozentzahl der *r* bei den *Elementen* niemals die Höhe der bei den anderen Aussagen vorkommenden maximalen Werte erreicht hat. Wir werden demnach behaupten dürfen, daß die negative Abstraktion bei der schwierigsten Aufgabe den merklichsten Effekt hat. Je leichter eine Aufgabe ist, um so eher ist wohl eine Kompensation der in der positiven Abstraktion gesetzten Steigerung der Absorption durch eine Vermehrung der Aufmerksamkeitsenergie möglich.

Im übrigen mag hervorgehoben werden, daß die aus Tabelle I abgeleiteten allgemeinen Sätze sich trotz der geringeren Versuchszahl auch in Tabelle II bestätigt finden.

Über den Prozeß der Abstraktion bei unseren Versuchen ist Folgendes mitzuteilen. Die Vorbereitung bestand bei den Aufgaben zumeist in einer akustisch-motorischen Wiederholung des Stichwortes, bei einer meiner Versuchspersonen nur in einer passiven Erwartung und etwa noch in dem Zustande, daß sie wußte, worum es sich handle. Außerdem wurde die Fläche vor dem Signal, das zur Fixierung des leuchtenden Punktes auf dem Schirm aufforderte, mit den Augen überflogen, wenn es sich um die Aufgabe *Farbe* und *Figur* handelte, um sozusagen den ganzen Umfang des Bildes auszumessen, während bei den *Elementen* ein solches Verfahren unterblieb. Hier wurde gelegentlich eine Reihe von Buchstaben als unbestimmte Vorstellungen des Gesichtssinns während der Vorbereitung reproduziert. Fehlte eine Aufgabe, so war ein indifferenter Zustand mit wechselnden Vorstellungen gegeben, die auf die verschiedenen Aufgaben sich fast gar nicht bezogen. Freilich fehlte eine Aufgabe auch hier nicht ganz. Die Versuchsperson wußte, daß sie ein optisches Objekt zu bestimmen habe. Es war ihr nur für diese Bestimmung vorher keine Direktion gegeben. Die Aufmerksamkeit durfte und sollte sich den Teilinhalten zuwenden, die von selbst, unwillkürlich am meisten anzogen. Man dürfte daher streng genommen in diesem Falle nur von einer unbestimmten Aufgabe reden.

Die Durchführung der Aufgaben ist nicht näher zu beschreiben. Die Gegensätze eines eingeengten und eines möglichst erweiterten Gesichtsfeldes machten sich namentlich für die Aufgabe *Elemente* einerseits und die übrigen Aufgaben geltend. Die Bestimmung des der Aufgabe entsprechenden Tatbestandes vollzog sich zuerst, die Bestimmung der anderen Teilinhalte vielfach nur auf Grund von Reproduktionen. Eine Versuchsperson erklärte, es sei ihr, als wenn sich der Prozeß des Bestimmens völlig von dem des Sehens ablöse. Eine andere behauptete öfter, sie habe mehr gesehen bezw. gewußt, als sie nachher anzugeben im stande gewesen. Mit besonderer Deutlichkeit schien sich die *Figur* für zwei Versuchspersonen von den übrigen Teilinhalten ablösen zu lassen. Eine von ihnen erklärte wiederholt, daß sie geradezu einen plastischen Eindruck von der *Figur* erhalten habe. Auch die einzelnen *Elemente* wurden mehrfach in gesteigerter Deutlichkeit wahrgenommen. Solche Steigerung der positiven Abstraktion war auch mit einer solchen der negativen verbunden. Die Deutlichkeit der aufmerksam erfaßten Inhalte stand in einem umgekehrten Verhältnis zu der Deutlichkeit der übrigen. Mißlungen ist mir bei den wirklichen Versuchen kein einziger wegen ungenügender oder verkehrter Realisierung der Aufgabe.

Stellen wir endlich zum Schluß noch die wichtige Frage, wie sich die mitgeteilten Ergebnisse erklären und verwerten lassen, so kann hier nur mit einigen Andeutungen darauf eingegangen werden. Für die Erklärung ist zunächst wesentlich, ob die gefundenen Unterschiede der Aussagen je nach der Aufgabe, die zu erfüllen war, auf Unterschiede der Gesichtsempfindungen oder der appercipierenden Faktoren zurückzuführen seien. Werden z. B. die *Elemente* oder die *Farben* anders gesehen, wenn entsprechende und wenn heterogene Aufgaben vorliegen, oder werden sie anders aufgefaßt, ohne daß die Gesichtsempfindungen selbst in beiden Fällen einen erheblichen oder wesentlichen Unterschied darböten? Darauf kann, wie ich meine, nach unserem Protokoll und der ganzen Versuchsanordnung nur gesagt werden, daß der Unterschied lediglich oder doch wenigstens der Hauptsache nach in der Auffassung, nicht aber in den Empfindungen liegen kann. Mag ferner in manchen Fällen ein rasches Vergessen stattgefunden und die Aussagen über die der Aufgabe nicht entsprechenden Teilinhalte beeinträchtigt haben, so ist doch zumeist, wie ich auf Grund des Protokolls feststellen kann, die Auffassung selbst unmittelbar eine andere gewesen für entsprechende und für heterogene Aufgaben. Das zeigte sich namentlich bei den *Farben*. Die Zahl der unbestimmten Aussagen steigt hier in der Regel beträchtlich an, sobald eine heterogene Aufgabe vorliegt. Die Farben erscheinen tatsächlich nur als gleich oder verschieden, als dunkel oder bleiben ohne Ortsbestimmung. Ähnlich verhält es sich bei den unbestimmten Aussagen über die *Elemente*. Am stärksten zeigt sich die apperceptive Natur dieser Tatsachen darin, daß Aussagen über *Elemente* oder *Farben* überhaupt, in jeder Richtung unterbleiben. Die Versuchsperson ist z. B. im stande eine *Figur* richtig zu beschreiben, ohne über die Beschaffenheit der sie begrenzenden Objekte irgend etwas nnmittelbar im Bewußtsein erlebt zu haben.

Ich lege Wert darauf zu konstatieren, daß in den Abstraktionstatsachen unmittelbare Bewußtseinsphänomene vorliegen. Der sprachliche Ausdruck ist nicht etwa ausschließlich für die gefundenen Unterschiede verantwortlich zu machen. Damit soll nicht geleugnet werden, daß gelegentlich Mängel in der sprachlichen Bezeichnung auch eine Rolle gespielt haben. Aber sie sind durchaus nicht schlechthin für unsere Ergebnisse in Anspruch zu nehmen, so wenig wie man Gedächtnisfehler dafür allein heranziehen darf. Die Versuchspersonen glaubten tatsächlich die Eindrücke in der angegebenen Unbestimmtheit zu sehen, bezw. tatsächlich keine Farbe, kein Objekt u. s. w. wahrgenommen zu haben. Da nun die Psychologie als Wissenschaft den Empfindungen regelmäßig bestimmte Eigenschaften beilegt, sie aus bestimmten Teilinhalten bestehen läßt, so geht daraus hervor, daß sie zwischen den psychischen Vorgängen und dem Bewußtsein von ihnen unterscheidet.

Daß dieser Unterschied gemacht werden muß, etwa in demselben Sinne, wie man zwischen physischen Vorgängen und dem Bewußtsein von ihnen unterscheidet, daß m. a. W. die alte Lehre von einem inneren Sinn mit der dazu gehörigen Gegenüberstellung von Bewußtseinswirklichkeit und Realität für das Gebiet der Psychologie eine zeitgemäße Erneuerung finden muß — das ist das prinzipielle Ergebnis, das ich meinen Versuchen entnehmen möchte. Im Anschluß daran definiere ich die Abstraktion als den Prozeß, durch den das logisch oder psychologisch Wirksame von dem logisch oder psychologisch Unwirksamen geschieden wird. Die wirksamen Teilinhalte sind für unser Denken und Vorstellen die positiv abstrahierten, die unwirksamen aber diejenigen, von denen abstrahiert worden ist. Für unser Bewußtsein gibt es demnach abstrakte Vorstellungen, für die psychische Realität gibt es nur konkrete Vorstellungen. Damit sei zugleich der alte Streit zwischen Nominalismus und Realismus seiner Entscheidung näher geführt.

Die experimentelle Untersuchung psychischer Korrelationen.

Von

C. Spearman.

In der Psychologie, noch mehr als in anderen Wissenschaften, sind die beobachteten quantitativen Beziehungen zwischen zwei Vorgängen sehr oft durch uneliminierbare und vorläufig unerklärbare Faktoren derart mitbestimmt, daß man nicht eigentlich von einem Gesetze reden kann, sondern nur von einer regelmäßigen Tendenz oder kurz, von einer Korrelation.

Die gebräuchlichen Methoden zur Schätzung einer solcher Korrelation erscheinen in mehreren Hinsichten als unbefriedigend. Vor allem ist eine behauptete Korrelation so lange von fragwürdigem wissenschaftlichen Werte, als sie nicht zahlenmäßig formuliert ist. Die drei gewöhnlich unterschiedenen Stufen: „genau", „einigermaßen" und „garnicht vorhanden" sind natürlich an sich unzulänglich. Aber auch mit Zahlentabellen und graphischen Darstellungen ist wenig gewonnen, solange die einzelnen quantitativen Verhältnisse nicht in einem einzigen mathematischen Ausdruck zusammengefaßt werden, d. h.: solange der Grad des beobachteten Zusammenhangs sich nicht in einer übersichtlichen Gesamtformel ausdrücken läßt. Zweitens muß die dazu hinführende Rechnungsweise einer eindeutigen und festen Regel gehorchen, damit im einzelnen jede Willkür ausgeschlossen sei, und ferner, damit unmittelbar miteinander vergleichbare Resultate gewonnen werden. Es ist drittens zu fordern, daß die Formel die praktischen Grenzen der zu erwartenden zufälligen Abweichungen sofort erkennen lasse.

Allen diesen Erfordernissen wird durch die neuerdings von Bravais, Galton und Pearson ausgearbeitete Methode Genüge geleistet; außerdem habe ich verschiedene auf dieselben Prinzipien begründete Formeln angegeben, welche die zu praktischen Zwecken erforderliche Bequemlichkeit und Raschheit darbieten. Aber es bleiben, meines Erachtens, immer noch zwei erhebliche Fehlerquellen zu berücksichtigen. Die erste bezieht sich auf die Elimination der durch allerlei zufällige Störungen bedingten „variabeln Fehler", deren Wirkung, wie ich behaupte, nicht indifferent, sondern negativ ist. Sie läßt sich durch folgende Formel eliminieren:

$$r_{pq} = \frac{r'_{pq}}{\sqrt{r_{pp} \cdot r_{qq}}}$$

wo r'_{pq} = der scheinbaren Korrelation zwischen den Serien p und q; r_{pp} [bez. r_{qq}] = der Korrelation zwischen irgend zwei voneinander unabhängigen Messungsserien für p, bez. q; und r_{pq} = der gesuchten wahren Korrelation zwischen p und q.

Die zweite Fehlerquelle liegt in den Abweichungen, die durch irgend welche zu dem in Frage stehenden Zusammenhange nicht streng zugehörige Faktoren bedingt werden. Hier kommen wir wieder auf einfache Formeln, deren gewöhnlichster Fall folgender ist:

$$r_{pq} = \frac{r'_{pq} - r_{pv} \cdot r_{qv}}{(1 - r^2_{pv})(1 - r^2_{qv})}$$

wo r_{pv} [bez. r_{qv}] = der Korrelation einer der verglichenen Serien p [bez. q] mit irgend einem unzugehörigen Faktor v; und die anderen Bezeichnungen dieselben Bedeutungen wie oben haben.

Mit Hilfe dieser verbesserten Methode habe ich nun das Problem untersucht, ob und inwieweit die Leistungsfähigkeit einer Person in einer bestimmten Richtung abhängig ist von ihrer Leistungsfähigkeit in einer andern Richtung. Die gewählten Leistungen waren teils möglichst eindeutig, wie sinnliche Unterscheidungsfähigkeiten, Gedächtnis für Ziffernreihen, Addition einstelliger Zahlen u. s. w.; teils in möglichst engem Zusammenhang mit dem gewöhnlichen Leben, wie Rangordnung in der Schule u. s. w. Als Resultat haben sich hohe und konstante Korrelationen ergeben, aus deren numerischen Verhältnissen man erschließen muß, daß alle diese obwohl sehr verschiedenen intellektuellen Fähigkeiten von einem gemeinsamen Faktor — wenn auch in sehr ungleichem Grade — abhängig sind.

Für nähere Erklärung und Begründung muß auf zwei im Erscheinen begriffene Aufsätze[1]), wie auf andere noch nicht ver-

[1]) American Journal of Psychology, Januar und April 1904; deutsche Übersetzung in den von Brahn herausgegebenen „Pädagogisch-psychologischen Studien".

öffentlichte Versuchsserien hingewiesen werden. In einer der letzten erfreue ich mich der Mitwirkung des Herrn Dr. Krueger; unsere bisher erlangten Werte stimmen gut mit meinen früheren überein.

Die Aufgabe einer Psychologie der Deutung als Vorarbeit für die Geisteswissenschaften.

Von

Elsenhans.

Wissenschaften, welche sich mit dem menschlichen Geistesleben beschäftigen, haben stets damit zu rechnen, daß uns ein solches unmittelbar nur in unserem eigenen Bewußtsein gegeben ist. Fremdes Geistesleben liegt uns stets nur mittelbar vor in seinen Äußerungen und Produkten, in Worten der Laut- und Schriftsprache, Geberden, Werken der Technik, Schöpfungen der Kunst, wirtschaftlichen Ordnungen, Staatsverfassungen, bestimmten Formen der Religion und des Kultus. Der Weg zur Erforschung alles jenseits des eigenen Ich gelegenen Geisteslebens geht daher stets durch sinnliche Medien, die wir nach der Analogie unserer eigenen geistigen Erlebnisse deuten.

Aus dieser Abhängigkeit sämtlicher Geisteswissenschaften von unserem eigenen Bewußtsein ergibt sich die Notwendigkeit: 1. das Wissen vom eigenen Geistesleben, welches den Schlüssel zu allem fremden darstellt, auszubilden, 2. den Vorgang, in welchem aus sinnlich gegebenen Zeichen ein geistiges erkannt wird, d. h. den Vorgang der Deutung genau zu untersuchen und anderen Vorgängen, z. B. der „Einfühlung" und dem „Verstehen" (Schleiermacher, August Böckh, Dilthey) gegenüber abzugrenzen.

Für eine Theorie der Deutung kommen hauptsächlich folgende Punkte in Betracht: 1. Die Auffassung der sinnlich gegebenen Zeichen: Psychologie des Lesens, akustische und visuelle Vermittlung der Deutung u. s. w. 2. Die Art der Verbindung dieser sinnlich gegebenen Zeichen mit dem geistigen Inhalt: die Entstehung der Wortbedeutung in der Muttersprache und in Fremdsprachen; grammatikalische, logische, psychologische und historische Seite der Deutung, Zusammenwirken derselben in einem gefühlsmäßigen Akte (vgl. A. Böckh). Komponenten dieses „Totalgefühls“ oder „Gemeingefühls“. Analogie mit dem „Lebensgefühl“, dem „Sprachgefühl“. Die historischen „Gemeingefühle“. 3. Die sprachliche Fassung des Gedeuteten. Der Einfluß der Gefühlsähnlichkeiten auf dieselbe. Die Rolle der Phantasie in der Deutung geschichtlichen Lebens. (Vergl. den gedruckten Vortrag, Gießen, J. Rickersche Verlagsbuchhandlung 1904.)

V.

Bewußtsein und Schlaf.

Zur Frage des Bewußtseins- und Aufmerksamkeitsumfanges.

Von

W. Wirth.

Neben den sogenannten Assoziationsgesetzen wurde einer anderen, ähnlich auffälligen Gesetzmäßigkeit des psychischen Lebens von alters her Beachtung geschenkt: der sogenannten Enge des Bewußtseins. Auch wurde mit Recht meist sogleich die Verteilung der Aufmerksamkeit in die Betrachtung einbezogen. Denn die einzelnen Inhalte des Bewußtseins sind nicht unter sich koordiniert. Es besteht vielmehr für alle ein besonderer Grad der Vollkommenheit in einer gewissen Richtung, hinsichtlich der apperzeptiven Stellung, der sogenannte Bewußtseinsgrad. Die Beantwortung der Frage des Bewußtseinsumfanges läßt sich also niemals durch eine einfache Zahl geben, sondern stets nur unter Bezugnahme auf bestimmte Bewußtseinsgrade, die sozusagen die eigentlichen Maßzahlen zur Berechnung des Gesamtwertes des jeweiligen Augenblickes darbieten. Dabei handelt es sich um ein einzelnes Problem aus dem Bereich der vielen über die psychische Arbeit, und zwar um das allgemeinste. Zu seiner Beantwortung gibt es eine direkte Methode der unmittelbaren Wiedergabe des Erlebten seitens des Beobachters, die wegen der innigen Abhängigkeit des Behaltens vom Bewußtseinsgrade nur sozusagen maximale Grade berücksichtigen kann (die bisherigen tachistoskopischen Versuche) und indirekte Methoden. Die umfassendste der letzteren ist die von Wundt empfohlene Vergleichsmethode. Diese liefert das vollständigste Resultat hinsichtlich des jeweiligen Umfanges der unmittelbaren Wahrnehmung bei Verwertung der Schwellen für

momentane Variationen innerhalb eines dem Beobachter bekannten Bereiches bei Unwissentlichkeit des Variationsortes und Bekanntheit der Variationsrichtung. Dem Bewußtseinsgrade des Variationsortes entspricht hierbei das Verhältnis dieser V.-Schwelle zu der wissentlich abgeleiteten (bei Konzentration der Aufmerksamkeit auf den Variationsort). Es wird als einfachstes Beispiel die Messung des optischen Umfanges eines Sehfeldes vorgeführt mit einfachen Helligkeitsvariationen (siehe Katalog). Bei den (noch nicht abgeschlossenen) Versuchen, die Tridapalli mit dem Vortragenden ausführte, ergab sich bei Verteilung der Aufmerksamkeit auf das gesamte Sehfeld der mittlere Wert jenes Verhältnisses $\frac{\text{unwissentl.}}{\text{wissentlicher}}$ V.S. bei Auswahl von 92 gleichmäßig verteilten Punkten: = **0,812** (m. V. 0,093)
[bei Auswahl von 18 gleichmäßig verteilten Punkten aus diesen 92 = **0,820** (m. V. 0,092)]
bei Verwertung von nur 18 Punkten in einer neuen Reihe (zum Vergleich der Konstanz) = **0,792** (m. V. 0,098);

II. bei gleichmäßiger Verteilung von 36 Punkten auf vier Quadranten und Verteilung der Aufmerksamkeit auf je einen Quadranten:

I. Quadr.	IV. Quadr.
0,884	0,880
II. Quadr.	III. Quadr.
0,874	0,850

im Mittel **0,872** m. V. 0,100

bei den gleichmäßig auf diese Reihe verteilten Versuchen mit der alten Verteilung der Aufmerksamkeit (wie bei I.) 0,790 (m. V. 0,095).

Bei Verwertung immer größerer Verteilungsbereiche läßt sich in dieser Weise ein immer umfassenderes Resultat gewinnen.

Beiträge zur Psychologie des Schlafes.

Von

W. Weygandt.

Die früheren psychologischen Untersuchungen über den Schlaf bemühten sich, die Weckschwellen durch Schallreize festzustellen. Weiterhin sind von der Kräpelinschen Schule, so durch Aschaffenburg und Weygandt, Nachtversuche während der sonst üblichen Schlafenszeit angestellt worden, ferner von Römer Versuche über die Leistungsfähigkeit zu bestimmter Zeit nach dem Schlafe sowie nach dem Erwachen aus einem Abends bezw. Morgens abgekürzten Schlafe und schließlich nach dem Nachmittagsschlafe.

Vortragender ging so vor, daß er die erholenden Wirkungen einzelner Schlafabschnitte durch verschiedene Methoden untersuchte. Einige Versuche zeigten, daß der Eintritt des Schlafes nicht gleichzeitig für die verschiedenen psychischen Funktionen stattfindet. Mehrere weitere Versuchsreihen waren derart angeordnet, daß in der Ermüdung vor dem Einschlafen experimentiert wurde, dann eine Zeit von $^1/_2$, 1 oder mehreren Stunden nach dem Einschlafen geweckt und wieder experimentiert, darauf ausgeschlafen und am Morgen abermals experimentiert. Als Versuchsmethoden wurden angewendet das Addieren einstelliger Zahlen, eine im wesentlichen assoziative, verhältnismäßig leichte Arbeit, und dann das Auswendiglernen zwölfstelliger Zahlen, das als Merkakt aufzufassen ist und nach dem einstimmigen Urteil aller, die sich selbst damit beschäftigt haben, eine wesentlich schwierigere Arbeit als das Addieren darstellt.

Es ergab sich nun, daß alle Versuche vor dem Einschlafen einen raschen Nachlaß der Leistungsfähigkeit meist von Anfang an zeigten, jedenfalls ein Zurückbleiben der zweiten Viertelstunde gegenüber der ersten. Der Versuch nach dem ersten Schlafe von $^1/_2$ oder mehreren Stunden zeigte meist schon ein Ansteigen von der ersten zur zweiten Viertelstunde. Die Leistung dieses zweiten Versuches liegt bei den Additionsversuchen durchweg beträchtlich höher als die der ersten Versuche, selbst nach einem Schlafe von nur $^1/_2$ Stunde war die Leistung außerordentlich angestiegen; der Zuwachs betrug meist 4,7 bis 8,4 %, einmal 29,2 und bei dem Versuch mit $^1/_2$ Stunde Schlaf sogar 130,3 %. Mehrfach stand dagegen sogar die Leistung nach dem Erwachen am Morgen, das ja, wie Römer gezeigt hat, noch keineswegs die günstigste Tagesdisposition darstellt, ein wenig zurück, mindestens in der zweiten Viertelstunde.

Anders verhielt es sich bei den Lernversuchen. Wohl steht auch hier durchweg die Leistung des zweiten Versuches über der des ersten, aber es läßt sich hier eine gewisse Proportionalität zur Dauer des ersten Schlafes erkennen. Nach $^1/_2$ Stunde handelt es sich nur um eine geringe Mehrleistung, nach 1—4 Stunden um eine mittlere und nach 5—6 Stunden um eine erhebliche Mehrleistung. Jedesmal steigt die Arbeitsfähigkeit dann während des zweiten Schlafabschnittes noch mehr an, so daß die dritten Versuche, nach dem Erwachen, durchweg die zweiten in der Nacht, in Bezug auf die geleistete Arbeit übertreffen.

Die Ergebnisse der Additionsversuche hatten im wesentlichen den Feststellungen der Weckschwellen entsprochen, die ja deutlich einen wesentlich tieferen Schlaf in den allerersten Schlafstunden erkennen ließen, so daß man zu der irrigen Meinung verleitet werden könnte, die letzten Schlafstunden seien überhaupt etwas unwesentliches. Erst die kompliziertere Lernarbeit beweist, daß auch die späteren Schlafstunden noch ihre besondere Bedeutung haben, indem die volle Leistungsfähigkeit zu schwierigeren Arbeiten durch den Schlaf nur langsam wieder erreicht wird, im wesentlichen proportional der Schlafdauer, nur unter einem kleinen Vorsprung der ersten Zeit des Schlafes.

Diskussion:

Herr Stern weist darauf hin, daß die von ihm s. Z. vorgeschlagene Tempoklopfmethode auch für die Feststellung der Schlafwirkungen anwendbar ist.

Herr Weygandt entgegnet Herrn Stern, daß auch ihm die Tempoklopfmethode viel versprechend schien, doch habe er bisher auf ausführlichere Nachprüfungen gewartet. Besonders wünschenswert wäre ihm eine Methode zur Prüfung der Auffassungsfähigkeit in der Nachtzeit ohne Heranziehung einer Registrierperson, weil allem Anschein nach der Einfluß des Schlafmangels in dieser Richtung erheblich ist, während selbst dreitägige Nahrungsenthaltung wohl andere psychische Leistungen, nicht aber die Auffassung herabsetzt.

Biologische Theorie des Schlafes.

Von

Ed. Claparède.

Die Theorieen des Schlafes haben dies gemeinsam, daß sie den Schlaf als einen negativen, fast abnormen Zustand betrachten, nicht als eine Funktion, sondern nur als einen Stillstand der Funktionen. Mir dagegen erscheint der Schlaf als eine positive Handlung, nicht nur als ein einfacher Ruhezustand; weiter kann man denselben vom biologischen Standpunkt aus als einen Instinkt betrachten. Diese Hypothese umfaßt und koordiniert Tatsachen, die sonst unerklärbar oder widersprechend sind.

Nach der toxischen Theorie sollte der Schlaf stets dem Grade der Erschöpfung angemessen sein; tatsächlich trifft dies nicht zu: Wille, Gewohnheit, Suggestion vermögen in gewissem Maße auf den Schlaf einzuwirken. Auch kann der Schlaf nur partiell sein, wie dies der Fall ist bei einer Mutter, die neben ihrem kranken Kinde ruht. Bei der toxischen Theorie läßt sich die Natur des Winterschlafes (der Murmeltiere u. s. w.) auch nicht gut verstehen. Die instinktive Theorie des Schlafes dagegen gibt über all dieses Aufschluß; ihr verdankt man es, jener offenbar sehr anti-physiologischen Hypothese zu entrinnen, nach welcher eine tägliche Vergiftung des Nervensystems stattfindet, die erheblich genug ist, den Organismus während 7 bis 8 Stunden beim Erwachsenen außer Aktion zu setzen.

Eine Eigenschaft des Instinktes ist die Vorsorge. Die meisten Instinkte äußern sich längere oder kürzere Zeit, bevor die Erhaltung des Individuums oder der Art wirklich in Gefahr gerät. So auch der Schlaf: vorsorglich stellt er sich ein, ehe Erschöpfung eintritt. Die Bedürfnisse des Kampfes ums Dasein lassen leicht begreifen, warum dieser Spielraum zwischen dem Ruhetrieb und der Erschöpfung eingeschaltet ist. Indem der Schlaftrieb das Individuum immobilisiert, schützt er es davor ins Erschöpfungsstadium zu geraten. Der Organismus benützt diese vorläufige Pause der Muskelarbeit, um die Ermüdungsstoffe abzusondern bevor ihre Anhäufung schädlich werden kann; es ist auch wahrscheinlich, daß der Schlaf die Assimilationsprozesse begünstigt. Der Schlaf äußert sich also vor der Vergiftung des Organismus, das will heißen: er ist keine unmittelbare Folge eines einfachen physikochemischen Prozesses, sondern er ist reflexartig.

Nun müssen wir uns fragen, welche Reizmittel diesen Instinkt, diesen hypnotischen Reflex auslösen? Ich nehme freilich an, daß die Vermehrung der Gifte im Blute und die Ermüdungsempfindungen eine Hauptrolle als Reiz spielen können. Die Ermüdung des Nervensystems ist gewiß auch ein begünstigender Umstand für den Eintritt des Schlafes. Aber diese Ursachen sind weder stets ausreichend, noch stets notwendig. Dunkelheit, monotone Eindrücke und die empirisch mit der Schlafvorstellung assoziierten Gedanken sind bedeutsame Faktoren, zumal wenn sie gemeinsam wirken. Allerdings gibt es keine spezifischen Schlafzentren; wie für andere Instinkte, so dienen auch für den Schlaf die Zentren der Allgemeinfunktionen. Vielleicht muß man außerdem noch ein Zentrum für die Hemmung des Interesses annehmen. Tatsächlich tritt beim Einschlafen Gleichgültigkeit für das reelle Leben ein. Ich habe oft an mir selbst beim Einschlafen die allmähliche Abnahme an Interesse für äußere Ereignisse beobachtet. — Was nun die eintretenden Reaktionen anbetrifft, so seien das Schließen der Augenlider, die Hirnanämie, der totale oder partielle Wegfall des Interesses für die Außenwelt, das Aufsuchen eines Lagers, das Liegen, wahrscheinlich auch trophische Einwirkungen erwähnt.

Wie alle Instinkte kann auch der Schlaf momentan durch einen stärkeren Instinkt gehemmt werden. Wenn ein hungriger Hund am Einschlafen ist, vergißt er seine Schlaflust, sobald er eine Beute erblickt. Wir können so verstehen, warum der Eintritt des Schlafes verschiebbar ist; die chemischen Theorien vermögen dies nicht zu erklären.

Man übertrage diese biologische Auffassung ins pathologische Gebiet und wird auch da vielleicht manche Probleme begreiflicher finden. Wenn der Schlaf ein Instinkt ist, so kann man die Schlaflosigkeit der Neurastheniker, sowie gewisse hysterische Erscheinungen als eine Folge der Dissoziation oder der Degeneration dieses Instinktes verstehen. — Diese biologische Auffassung scheint mir die Ansichten Janets und Solliers über das Wesen der Hysterie zu vereinigen.

Kurz, der Schlaf ist nicht das Ergebnis einer einfachen Funktionsunterbrechung, er ist eine positive Funktion, ein Instinkt, der eine Funktionsunterbrechung zum Zwecke hat: wir schlafen, nicht weil wir vergiftet oder erschöpft sind, sondern um der Vergiftung und der Erschöpfung nicht zu unterliegen.

Diskussion:

Herr Dürr: Toxische und instinktive Theorie des Schlafes stehen nicht im Gegensatz, solange nicht die physiologische Theorie des Instinktes feststeht. Es gibt auch angenehme Vergiftungen. Das angenehme Gefühl beim Einschlafen ist also kein Einwand gegen die toxische Theorie.

Herr Elsenhans: Nur zwei Punkte, welche zugleich eine Anfrage enthalten. Es ist fraglich, ob die Ausdehnung des Instinktbegriffs, der doch in der Regel auf eine komplizierte Triebhandlung angewendet wird, nicht zu einer gar zu großen Erweiterung desselben führt. Ferner hat der Herr Vortragende die Beobachtung, daß manche Personen zu vorher bestimmter Zeit aufwachen können, durch „partiellen" Schlaf erklärt. Für das Wesen des Schlafes wäre nun die Frage nicht unwesentlich, ob man z. B. beim Übergang des Schlafes in den Wachzustand „partiellen" Schlaf tatsächlich im Sinne einer Teilung oder nur im Sinne einer graduellen Abnahme des Gesamtzustandes annehmen soll.

Herr Brodmann: Die vom Vortragenden angenommene Hypothese einer dem Schlafe zu Grunde liegenden aktiven Tätigkeit irgend eines nervösen Zentralapparates scheint gestützt zu werden durch Ergebnisse plethysmographischer Untersuchungen am Gehirn, nach denen während des Schlafes das Hirnvolumen beständig rhythmische Bewegungen durchmacht, welche nur durch einen eigenen, im Schlafe fortwirkenden, vasomotorischen Reflexapparat erklärt werden können. Besonders die plethysmographischen Begleiterscheinungen des Einschlafens am Gehirn sprechen, im Verein mit neuropathologischen Tatsachen, in gewissem Sinne für eine solche Auffassung.

Herr Vorbrodt: Es empfiehlt sich, die physiologische Frage mit der psychologischen zu verknüpfen, wie denn im Programm des Kongresses die Bewußtseinsfrage mit der Schlaffrage in Beziehung gesetzt ist. Es genügt aber nicht, den Schlaf als Instinkt zu verstehen, sondern es ist zu erwägen, ob nicht im Schlafe die physiologischen Nervenelemente, die doch die Unterlage bilden für die psychischen Tatsachen, ineinander sich zusammenziehen, so daß kein Kontakt mehr besteht zwischen den Psychoneneinheiten, die den Abfluß der psychischen Tatsachen bedingen. Bewußtlosigkeit ist eben Scheidung der Nervenendigungen, deren gegenseitiger Kontakt sonst die psychischen Tatsachen verursacht. Im Schlaf wird dann ersetzt, ausgeglichen innerhalb der Einheiten, was durch Ermüdung des Ausgleichs bedarf.

Herr Claparède (Schlußwort): Auf den Einwand des Herrn Dürr habe ich zu antworten, daß ich nicht das angenehme Gefühl, welches das Einschlafen begleitet, als Hauptstütze betrachte. Vielmehr war dieses Argument besonders gegen die Pflügersche Erstickungstheorie des Schlafes gerichtet. —

Herrn Elsenhans erwidere ich, daß auch ich mich der

gewöhnlichen Definition des Instinktes anschließe, d. h. ihn vom physiologischen Standpunkte als ein Reflexsystem und vom psychologischen als eine nützliche, nicht erlernte Handlung betrachte; ich sehe nicht ein, warum der Schlaf, wenn er eine positive Funktion ist, unter diesen Begriff des Instinktes nicht subsumiert werden sollte. — Fernerhin ist Herr Elsenhans erstaunt, daß ich behaupte, der Schlaf könne partiell sein; jedoch ist dies eine von jedermann anerkannte Tatsache, wie es auch das von mir angeführte Beispiel des Schlafes einer Mutter beweist.

VI.

Ausdrucksbewegungen und Willenstätigkeit.

Experimentelles über die Willenstätigkeit.

Von

N. Ach.

Bei der psychologischen Behandlung des Willensproblems sind zwei Seiten zu unterscheiden

1. die Frage nach der Entstehung des Entschlusses
2. die Frage nach der Realisierung des Entschlusses oder einer Willenshandlung.

Zur experimentellen Untersuchung wurden Reaktionen mit Zuordnung und Reaktionen ohne Zuordnung angestellt. Bei den ersteren ist das Verhalten der Versuchsperson auf Grund der Instruktion eindeutig bestimmt, bei den letzteren besteht zwar auch dem Charakter des Experimentes entsprechend eine im allgemeinen umgrenzte Zuordnung, jedoch ist die spezielle Zuordnung der Versuchsperson überlassen.

Es können hier Reaktionen ohne Zuordnung des Reizes,
„ „ „ der Tätigkeit
und „ „ „ von Reiz und Tätigkeit unterschieden werden.

Sämtliche Versuche wurden unter Anwendung der Methode der systematischen experimentellen Selbstbeobachtung durchgeführt, welche das in der Nachperiode perseverierende Erlebnis einer eingehenden Analyse unterzieht. Bei den mehrfach zugeordneten Reaktionen hat sich ergeben, daß in der Hauptperiode entsprechend der durch die Instruktion gesetzten Zuordnung von einer wählenden Tätigkeit keine Rede ist.

In der Vorperiode geschah die Vorbereitung in verschiedener Weise. Neben der assoziativen Vorbereitung war besonders interessant die rein sensorielle Vorbereitung. Bei dieser bestand die unbestimmte Erwartung von etwas Kommendem mit den Begleiterscheinungen der sinnlichen Aufmerksamkeit. Die Erwartung war insofern unbestimmt, als der Inhalt phänomenologisch nicht weiter durch inneres Sprechen, visuelle Bilder u. dergl. bestimmt war, aber trotzdem war der Inhalt der Instruktion bei der gespannten Erwartung gegenwärtig. Es bestand ein unmittelbares Wissen dieses eindeutig bestimmten Inhaltes, eine „Bewußtheit“.

Sehr häufig traten in der vorbereitenden Aufmerksamkeitsspannung auch intentionale Bewegungsempfindungen auf. Die intentionalen Bewegungsempfindungen sind eigenartige Empfindungen, welche die Richtung, wo eine Bewegung eintreten soll, im Bewußtsein andeuten, ohne daß die Bewegung in den Organen, in denen sie bestehen, zu erfolgen braucht und ohne daß es überhaupt zur Ausführung der Bewegung zu kommen braucht. Je stärker in der Hypnose die Herabsetzung der Sensibilität ist, desto stärker treten sie hervor. Eine interessante Bestätigung erhalten die durch die Selbstbeobachtung gewonnenen Qualitätsunterschiede u. a. durch die Zentralwerte derjenigen mehrfach zugeordneten Reaktionen, bei denen in der Vorperiode eine einseitige Richtung der Aufmerksamkeit bestand.

Bei den Reaktionen ohne Zuordnung des Reizes trat die von L. Lange und Orschansky festgestellte Erscheinung in Wirksamkeit, daß bei motorischer Einstellung kürzere Zeiten, eine geringere Streuung, aber bedeutend mehr Fehlreaktionen erhalten werden als bei sensorischer Einstellung. Auch hier übte die Vorbereitung einen qualitativen Einfluß aus auf den Prozeß der Hauptperiode. War z. B. einer von vier erscheinenden Buchstaben im Bewußtsein visuell oder akustisch gegeben, so wurde beim Erscheinen der mit den vier Buchstaben bedruckten Reizkarte sofort dieser Buchstabe aufgefaßt und die demselben zugeordnete Bewegung ausgeführt. Die intentionale Bewegungsempfindung in einem bestimmten Finger während der Vorperiode wirkte bisweilen auch in der Weise, daß der diesem Finger zugeordnete Buchstabe beim Erscheinen der Reizkarte allein klar aufgefaßt wurde, obwohl er vorher nicht im Bewußtsein gewesen war. Er war durch die Vorperiode in apperzeptive Bereitschaft gesetzt worden und bestimmte die Apperzeption in der Hauptperiode, während von den übrigen drei Buchstaben abstrahirt wurde.

Aus den Reaktionen ohne Zuordnung geht hervor, daß von

der Zielvorstellung determinierende Tendenzen ausgehen, welche eine Realisierung der Absicht im Sinne der Zielvorstellung bewirken. Dies gilt auch für den in tiefer Hypnose gegebenen Suggestionsbefehl, für den gewöhnlichen Reaktionsbefehl und überhaupt für die Wirkung der Instruktion oder des Auftrages, eine Erscheinung, die auch durch sonstige psychologische Erfahrung und vor allem durch pathologische Tatbestände nahegelegt wird. Durch die Wirkung dieser determinierenden Tendenzen werden auch neue Assoziationen gestiftet. Sie bilden so die Grundbedingung des kombinierenden Denkens, indem sie die Bildung neuer Vorstellungsverbindungen ermöglichen, welche einer gegebenen Absicht oder einem gegebenen Auftrage entsprechen.

Die Beurteilung der bei der Entstehung einer Absicht oder eines Entschlusses wirksamen Faktoren erfährt durch ihren Einfluß eine weitere Erschwerung.

Zur Untersuchung des Einflusses psychischer Vorgänge auf Puls und Atmung.

Von

G. Martius.

Die bisherigen Versuche hierüber haben teilweise zu sich völlig widersprechenden Ergebnissen geführt. Die Ursache hiervon liegt einmal in den Versuchsanordnungen selbst, sodann in der Art, wie die Kurven berechnet und verwertet sind. Fehlerhaft ist bei Berechnung der Pulslängen jede Fraktionierung der Kurven, welche die mit den Atemperioden verbundenen Schwankungen der Länge der Pulse (die Atemschwankungen des Pulses) unberücksichtigt läßt. Die Verkürzung der Höhe des Pulses bei sinkendem Niveau des Wassers rührt bei Benutzung des Plethysmographen von der durch das Sinken im Apparat erzeugten Luftverdünnung her, kann daher nicht auf psychische Ursachen zurückgeführt werden. Die plethysmographischen Niveauschwankungen endlich, welche bisher zur Beobachtung gekommen sind, sind nicht von den Einflüssen der unwillkürlichen Bewegungen auf das Niveau hinreichend frei geblieben. Sucht man die unwillkürlichen Bewegungen ganz auszuschließen, so bleiben nach den vorgelegten Kurven eigener Versuche nur noch mit den Atemperioden parallel gehende plethysmographische Erscheinungen übrig, welche nicht direkt für die psychischen Einflüsse in Anspruch zu nehmen sind.

Bei strengen Anforderungen an die Versuchstechnik und die Versuchsberechnung läßt sich eine einfache Funktion zwischen Geschmacks- und Geruchseindrücken, sowie zwischen Lust und Unlust und den Symptomen der Atmung und des Pulses nicht nachweisen. Der deutliche Unterschied sthenischer und asthenischer affektiver Zustände kann allein zum Ausgangspunkt des Versuchs einer weiteren Differenzierung der verschiedenen psychischen Einflüsse auf Puls und Atmung gemacht werden. Über die Versuche wird eine ausführlichere Darstellung demnächst in den „Beiträgen für Philosophie und Psychologie“ erscheinen.

Diskussion:

Herr Brodmann: Außer den vom Herrn Vortragenden erwähnten Einflüssen willkürlicher und unwillkürlicher Muskelkontraktionen sind es in nicht geringerem Grade von der Atmung völlig unabhängige, rhythmische Schwankungen einesteils des Gesamtniveaus der Volumkurve, andernteils mit diesen synchron verlaufende regelmäßige und ausgiebige rhythmische Veränderungen von Pulslänge und Pulshöhe, welche die Gestalt der plethysmographischen Kurve bei psychologischen Versuchen in unerwünschtem Sinne abändern und eindeutige Schlüsse aus denselben erschweren. Während sich der Einfluß von Muskelaktionen auf das Plethysmogramm bei Untersuchungen am Gehirn (Patienten mit Schädeldefekt) ausschalten läßt, sind die drei genannten Bewegungsarten der Volumkurve mit den üblichen plethysmographischen Methoden überhaupt nicht zu vermeiden, da es sich bei denselben nach früheren Ausführungen offenbar um zentral ausgelöste, sei es medulläre oder cerebrale vasomotorische Vorgänge von periodischem Charakter handelt. Gleichwohl soll man die Skepsis nicht zu weit treiben und man darf von der plethysmographischen Methode wenigstens bei ihrer Anwendung auf die Gehirnbewegungen und unter vorsichtiger Berücksichtigung aller physiologischen Nebenwirkungen auch für die Psychologie eindeutige Ergebnisse sich versprechen. Individuelle Variationen und atypische Reaktionsweisen unter dem Einflusse von abnormer Gemütslage sind aber nicht auszuschließen und müssen in Rechnung gesetzt werden, bevor man an die Aufstellung psycho-physischer Gesetzmäßigkeiten geht.

Herr Wreschner: Ließ sich durch Selbstbeobachtung ermitteln, ob die Versuchspersonen durch diese Versuchsanordnung (Schienung, Eingipsung) nicht von vornherein in einem abnormen emotionellen Zustande sich befanden?

Herr Henri: Es ist zwar richtig, daß die plethysmographische

Methode von Lehmann hauptsächlich wegen der Wasserübertragung große Schwierigkeiten hat, doch darf daraus noch nicht geschlossen werden, daß diese Methode für psychologische Versuche nicht anwendbar sei. Es empfiehlt sich nach Untersuchungen von Binet einen Plethysmographen zu gebrauchen, bei dem erstens die Übertragung durch Luft geschieht und zweitens möglichst nur der Puls der kleinen Arterien und Kapillaren aufgenommen wird. Als besonders zweckmäßig ergab sich der Apparat von Hallion und Comte mit dem man den Kapillarpuls der Finger aufnehmen und sehr leicht die vasomotorischen Veränderungen untersuchen kann.

Herr Sommer: In Übereinstimmung mit den Resultaten von Martius habe ich mehrfach darauf hingewiesen, daß bei den plethysmographischen Kurven den Bewegungen der sogenannten willkürlichen Muskulatur, die sehr oft unwillkürlich innerviert wird, eine große Bedeutung zukommt. Dadurch wird das Vorhandensein psychophysiologischer Erscheinungen am Plethysmogramm nicht verneint, sondern nur anders gedeutet. Methodisch muß eine Untersuchung der muskelphysiologischen und der vasomotorischen Komponente des Plethysmogrammes angestrebt werden. Bei ersterer sind neben den klonischen Bewegungen die isometrischen Spannungen zu beachten, bei letzterer muß neben den Pulsuntersuchungen der Versuch einer gesonderten Darstellung der vasomotorischen Veränderungen an der Haut gemacht werden. Mit der von mir angegebenen Konstruktion, die dieses Problem zu lösen sucht, läßt sich bisher nur der Einfluß der Muskelzustände auf das Volumen einer an der Haut angebrachten Kapsel feststellen, während der Zweck, gesonderte Darstellung der vasomotorischen Vorgänge, bisher nicht erreicht ist. (Vergl. Beiträge zur psychiatrischen Klinik I. Heft 3.) Vielleicht gelingt es später, der Aufgabe technisch gerecht zu werden. Jedenfalls bedürfen die plethysmographischen Erscheinungen einer sehr genauen Kritik ihrer physiologischen Herkunft.

Herr Martius (Schlußwort) erklärt sein Einverständnis mit der allseitig betonten Notwendigkeit der Verbesserung der Methoden.

Demonstrationen.

Von

R. Sommer.

a) Die Umsetzung des Pulses in Töne.

Die akustische Wahrnehmung mechanischer Vorgänge im Körper spielt bei der Auskultation, die durch willkürliche Erzeugung von Geräuschen und Tönen bei der Perkussion ergänzt wird, in der Medizin eine diagnostische Rolle. Nachdem die Pulsbewegung schon längst mechanisch zum Zweck der graphischen Registrierung übertragen worden ist, erhebt sich das ergänzende akustische Problem, den Puls in Töne umzusetzen.

Die einfachste Form dieser Aufgabe besteht darin, durch jeden Pulsschlag einen Klang entstehen zu lassen, was durch Verbindung eines Sphygmographen mit einer Glocke, deren Klöppel durch den Sphygmographen bewegt wird, leicht geschehen kann. Jedoch ist diese Lösung ungenügend, weil es auf die Erzeugung einer kontinuierlichen Tonreihe mit fließenden Nebengängen ankommt.

Sommer hat die Aufgabe durch Übertragung der Pulsation auf eine Zungenpfeife behandelt. Als Vorversuch demonstrierte derselbe, wie man durch Verschiebung einer Rolle auf der Zunge einer solchen Pfeife, die dauernd angeblasen wird, innerhalb der möglichen Skala beliebige Tonhöhen erzielen kann. Es ist also dabei ein primitives Musikinstrument mit dauernder Tonbildung und Variation der Tonhöhe durch Handbewegung zu stande gekommen.

Die weitere Aufgabe bestand darin, diese Zungenpfeife mit dem Puls in geeignete Verbindung zu bringen und dabei die Reibung so zu vermindern, daß jeder Kontraktionszustand der Arterie in entsprechender Tonhöhe sich darstellte. Zu diesem Zwecke hat Sommer zunächst die Sphygmographenbewegung auf den kurzen Hebelarm eines zweiarmigen Hebels übertragen, dessen längerer Arm einen vertikalen Stift auf und nieder bewegt, so daß eine an dessen unterem Ende befestigte Rolle auf der Zunge der Pfeife entlang gleitet. Dadurch wird das durch den Luftstrom zum Schwingen gebrachte Stück der Zunge verkürzt oder verlängert und somit die Tonhöhe verändert. Diese Konstruktion hat Sommer schließlich in der Art verbessert, daß die übliche Form des Sphygmographen ganz aufgegeben und die Pulsbewegung direkt auf den die Rolle führenden Stift übertragen wurde. Es lassen sich nun an den entstehenden Tonkurven die besonderen Eigentümlichkeiten eines Pulses und seine Veränderung unter bestimmten psychophysiologischen Bedingungen sehr deutlich erkennen. Bei gewissen Arten funktioneller Störung, bei denen es auf längere Untersuchung ankommt, hat die Methode diagnostischen Wert.

Literatur: 1. Beiträge zur psychiatrischen Klinik, Heft 4. 2. Berliner klinische Wochenschrift 1903, Nr. 51.

b) Darstellung von Ausdrucksbewegungen in Licht- und Farbenerscheinungen.

Zum Studium der Ausdrucksbewegungen hat Sommer mehrere Apparate und Methoden angegeben, bei denen die Bewegungen in den drei Dimensionen gesondert zur graphischen Darstellung gebracht werden. Sommer hat nun versucht, die Ausdrucksbewegungen unter Bewahrung des Prinzipes einer dreidimensionalen Untersuchung in Licht- und Farbenerscheinungen umzusetzen. Die erste technische Idee bestand darin, drei Platten durch die Bewegung der Hände in den 3 Dimensionen zu verschieben und dadurch 3 Stromkreise mit verschiedenfarbigen Lampen zu beeinflussen. Jedoch erwies sich die Verwendung von Platten wegen der starken Reibung und der Schwere als untunlich. Dagegen zeigte sich ein Flüssigkeitsrheostat aus Wasser und Schwefelsäure geeignet, die leichten Bewegungen eines in ihm schwimmenden Tisches in Variationen der durch ihn geleiteten Ströme umzusetzen. An dem schwimmenden Tisch befinden sich die negativen Pole in den 3 Komponenten des Raumes vorn, seitlich und unten montiert. Ihnen gegenüber befinden sich vorn, seitlich und unten in dem Gefäß, mit der Flüssigkeit die entsprechenden positiven Pole.

Die ersten beiden Stromkreise gehen durch je 2 Lampen von paarweise gleicher Farbe, die entsprechend der Lage der Pole an einem Stativ angebracht sind. Die Bewegung nach vorn und rückwärts wird dabei durch 2 blaue, die nach rechts und links durch 2 grüne Lampen in entsprechender Stellung vertreten. Die 3. Dimension (Hebung und Senkung) ist nur durch eine vertikal stehende rote Lampe dargestellt, weil die Hand auf dem schwimmenden Tisch ruht und die Anbringung einer Elektrode an dieser Stelle unmöglich ist.

Bei Bewegungen der Hand erfolgt eine Veränderung der Ströme und dementsprechend ein stärkeres oder schwächeres Leuchten der die drei Dimensionen andeutenden Lampen.

Sommer zeigte nun, wie sich Lageveränderungen der Hand durch die wechselnde Lichtstärke der verschiedenfarbigen Lampen ausdrücken. Die Methode ist geeignet, Zittererscheinungen, ferner Haltungsanomalien, z. B. bei Katatonie u. a., einem großen Auditorium sichtbar zu machen.

Literatur: Deutsche medizinische Wochenschrift 1904, Heft 8.

Einige Bemerkungen über Nachahmung.

Von

M. Ettlinger.

Der Tierpsychologie sind eine Reihe experimenteller Untersuchungen möglich, deren Vornahme beim Menschen durch ethische Rücksichten verwehrt ist, nämlich völlige dauernde Isolation neugeborener Individuen und durchgreifende Veränderungen ihrer gesamten Lebensbedingungen. Infolgedessen kann die Tierpsychologie zur Aufhellung einzelner psychologischer Fragen wesentliche Aufschlüsse beibringen; z. B. bezüglich der Nachahmungsfrage:

Isoliert aufgewachsene Tiere zeigen weit geringere Mängel ihres Verhaltens als ausnahmsweise isolierte Menschen (Kaspar Hauser). Immerhin sind bei den Tieren zahlreiche Ausfallserscheinungen deutlich. Beispiele vom Gesang und Nesterbau der Vögel etc. Durch völlige Isolation wird jedoch der Wirkungsbereich der Nachahmung nur negativ ermittelt, da auch sonstige soziale Einflüsse wegfallen, von denen die Nachahmung begrifflich zu scheiden ist: Nachahmung ist ein solches Abhängigkeitsverhältnis eigenen Verhaltens von Fremdem, bei dem die sinnliche Wahrnehmung einer fremden Bewegung die eigene Vorstellung und Ausführung einer subjektiv übereinstimmenden Bewegung wachruft. Diskussion dieser Begriffsbestimmung.

Bei Tieren und kleinen Kindern können jedoch nur solche Nachahmungsfälle untersucht werden, wo die subjektive Übereinstimmung auch objektiv deutlich wird. Hierbei gilt als Kriterium der Nachahmung: Die Ausführung der betreffenden Bewegung angesichts des Vorbilds unter sonst ungewöhnlichen Umständen; und namentlich liegt dann zweifellos Nachahmung vor, wenn die kopierende Bewegung gegenüber ihrer früheren Ausführungsweise solche Abweichungen zeigt, durch welche sie dem Vorbild ähnlicher wird. Daraus ergibt sich für den Beobachter die Notwendigkeit langandauernder unausgesetzter Beobachtungen und (bei den Tieren) umfassenden biologischen Spezialwissens. Andernfalls werden leicht angeborene Übereinstimmungen als Nachahmung aufgefaßt. Beispiel: Die angeborene aktive Mimicry des Ameisengastes Atemeles nach Wasmann. Demgegenüber Beispiele echter Nachahmung: Gemeinsame Flucht von Herdentieren, Jagdzüge der Ameisen u. dgl. m. Besonders deutliche Beispiele ergibt die Veränderung der ursprünglichen Lebensbedingungen: Annahme fremder Gesangsweise bei Singvögeln, Annahme von Katzengewohnheiten bei jungen Hunden u. dgl. m. Aber überall zeigt sich, daß die Nachahmung auf einzelne Betätigungsweisen beschränkt bleibt; bei Vögeln im allgemeinen auf gehörte Töne, bei Säugetieren auf gesehene Bewegungen. Noch mehr Exklusive zeigen die Nachahmungen des Kindes; sie beschränken sich durchweg auf spezifisch menschliche Verhaltungsweisen. Ferner treten beim Kind akustisch vermittelte Nachahmungen früher auf als optisch vermittelte. Frühe werden die kindlichen Fälle getrübt durch intellektuell bedingte Abänderungen. Nur bei gewissen einfachen Bewegungsformen: Gähnen, Husten, Niesen, Lachen, Weinen erhält sich reine Nachahmung. Hier redet man von „Ansteckung".

Übergang zur Theorie der Nachahmung. Die überall nachweisliche Beschränkung der Nachahmungen auf bestimmte Tätigkeiten spricht gegen die Annahme eines allgemeinen Nachahmungsinstinktes. Aber auch die Annahme speziellerer Nachahmungsinstinkte wäre nur eine Worterklärung und zudem mit der neueren physiologischen Auffassung der „Instinkte" als komplizierter Reflexe unvereinbar, da keine angeborenen zentralen Verbindungsbahnen möglich wären. Komplizierter als die Instinkttheorie, aber von höherem Erklärungswert ist die Ableitung der Nachahmungserscheinungen aus Erfahrungsassoziationen:

Unmittelbar verständlich ist die assoziative Erklärung bei den akustisch vermittelten Nachahmungen. Diese treten erst auf, wenn die jungen Individuen bereits eine Anzahl selbständiger primitiver Verlautbarungen (Piepen, Lallen u. dgl.) ausgebildet haben und dabei durch das unmittelbare Anhören der eigenen Laute entsprechende kinästhetisch-akustische Assoziationen erwerben konnten. Unterstützend tritt hinzu eine starke Wiederholungstendenz aller primitiven Bewegungsformen.

Schwieriger erscheint zunächst die assoziative Erklärung optisch vermittelter Nachahmungen, weil nicht alle eigenen Bewegungen unmittelbar gesehen werden.

Hier ist zunächst eine Reihe nur scheinbarer optischer Nachahmungen auszuschalten, welche unserer Erklärungsweise entgegengehalten zu werden pflegen.

Erstlich eine Gruppe, bei der die Übereinstimmung der Bewegungen überhaupt nicht auf Nachahmung beruht. Beispiel: Die frühe Wiederholung des mütterlichen Lächelns durch das Kind. Es handelt sich hier um eine Ausdrucksbewegung auf Grund solcher lustvoller Vorstellungen, welche durch den Anblick der Mutter als Bringerin der ersten Genüsse wachwerden.*)

Zweitens eine Gruppe, wo tatsächlich Nachahmung vorliegt; aber nicht optisch vermittelte, sondern akustisch oder durch Gerüche vermittelte. Beispiele: Die Wirkung des Pickgeräuschs (nicht der gesehenen Pickbewegung) bei jungen Hühnern nach Darwin und Morgan; die Übertragung gewisser Tätigkeitsweisen bei den Ameisen durch spezifische Geruchsbilder nach Wasmann.

Die nach Ausschaltung dieser Fehlerquellen erübrigenden Fälle echter optischer Nachahmung erklären sich auf assozativem Wege folgendermaßen:

Entweder sind es solche Nachahmungen, bei denen von Anfang an optische Selbstkontrolle möglich ist, — also genau derselbe Erklärungsgang einzuhalten ist wie bei akustisch vermittelter Nachahmung — oder es handelt sich um die Nachahmung von Ausdrucksbewegungen. Bei diesen trifft besonders leicht die Wahrnehmung einer fremden Ausdrucksgeste mit der eigenen Ausführung derselben zusammen, weil sich aus sozialem Zusammensein leicht gleichzeitiger Anlaß für das gleiche Gefühl bei verschiedenen Individuen ergibt. Beispiel: Das Gähnen als Ausdruck abendlicher Müdigkeit. Die Nachahmung höherer Ausdrucksbewegungen, wie z. B. des Weinens tritt erst später auf, wenn bereits ein größeres Verständnis für fremde Gefühlsäußerungen gewonnen ist.

Wenn zugegeben wird, daß sich in dieses Schema alle sicheren Nachahmungserscheinungen einordnen lassen, so können als weitere Bestätigungen der assoziativen Erklärungsweise folgende Tatbestände gelten:

Erstens: Das besonders späte Auftreten der Nachahmung beim Menschen, wo sie dann eine Zeitlang so wichtig ist. Selbst Baldwin setzt ihr Auftreten erst in den 6. bis 7. Monat.

Zweitens: Die besondere Art, wie die Nachahmung später beim Menschen wieder zurücktritt: Nur solche Fälle bleiben erhalten, wo die betreffenden Bewegungsvorstellungen in wenig andere assoziative und intellektuelle Vorstellungszusammenhänge einbezogen werden; das trifft für die oben aufgezählten Fälle der sogenannten „Ansteckung“ zu.

Drittens: Das stärkere Wiederhervortreten der Nachahmung

*) Vgl. meine „Untersuchungen über die Bedeutung der Deszendenztheorie für die Psychologie“ (Köln, 1903) S. 54—55.

bei Einschränkung der intellektuellen Betätigung in der Hypnose und bei bestimmten Geisteskrankheiten.

Aus allen diesen Gründen verdient die assoziative Erklärung der Nachahmungserscheinungen den Vorzug vor der allzu einfachen Instinkttheorie. Eher mag es sein, daß sich mit der wachsenden Durchforschung der einschlägigen Tatsachen die Erklärung noch komplizierter gestalten muß.

Über die Koordination von Bewegungen.

Von

V. Henri.

Ein Autoreferat über diesen Vortrag ist nicht eingegangen.

VII.
Gefühle und Ästhetik.

Bemerkungen über die Generalisation der Gefühle.

Von
Elsenhans.

Von Literatur über diesen Gegenstand ist noch wenig vorhanden. Neben Ribot (l'abstraction des émotions. L'année psychologique 3, 1—9. 1897) und meiner eigenen Abhandlung über „Verallgemeinerung der Gefühle“ (Zeitschrift für Psychologie Bd. 24) nur ein interessanter Aufsatz von Prof. Urban (The Problem of a „Logic of Emotions“ and affective memory. Psychological Review, Mai und Juli 1901), der teilweise auch zu meinen Ausführungen Stellung nimmt.

Generalisation der Gefühle ist auf zwei Wegen möglich:

I. Durch Teilnahme derselben an dem Generalisationsprozeß der Vorstellungen, mit denen sie assoziiert sind. Hier erhebt sich hauptsächlich die Frage, an welchen Teil des aus der Vorbindung der Gemeinvorstellung mit dem Wortbild und dessen verschiedenen Komponenten entstandenen Assoziationskomplexes der Gefühlston sich knüpft. Hauptmerkmale dieser „verallgemeinerten“ Gefühle: verringerte Intensität und Unbestimmtheit der Qualität.

II. Dadurch, daß sich unmittelbar aus mehreren einzelnen Gefühlen Gefühle allgemeinerer Art bilden. Hauptbeispiel: das „Lebensgefühl“, eine „Resultante der sinnlichen Gefühle“ (Wundt). Ähnlich aber die anderen wenig beachteten „Totalgefühle“ oder „Gemeingefühle“, z. B. der Gefühlsniederschlag, den der Besuch eines Landes, die Teilnahme an einem Kongreß, das Studium einer Geschichtsperiode zurückläßt. Diese Gefühle sind dann wieder von großer Bedeutung für den Vorstellungsverlauf und für eine Theorie der Phantasie.

Die Anfänge der Kunst und die Theorie Darwins.

Von

K. Groos.

Das gewählte Thema stellt den Vortragenden vor eine doppelte Aufgabe. Er hat erstens die Darwinsche Theorie, wonach die Kunst ein Bewerbungsprodukt ist, kritisch zu untersuchen. Da das Ergebnis der Kritik zunächst negativ lautet, erwächst ihm daraus die zweite Aufgabe, seine eigene Auffassung von den Anfängen der Kunst zu entwickeln. Er würde dabei nachzuweisen haben, daß nach seiner Ansicht eine positive Kritik trotz jenes negativen Ergebnisses doch einen gewissen Anschluß an die Darwinsche Theorie gewinnen kann. — Bei der beschränkten Zeit muß sich der Vortragende jedoch von vornherein mit der Behandlung der ersten Aufgabe begnügen.*)

Dabei stellt er sich die Frage so: entspricht die Theorie Darwins, wonach die Künste aus der Bewerbung des männlichen Geschlechtes um das weibliche entsprungen wären, den Tatsachen, oder entspricht sie ihnen nicht?

1. Zuerst wird die Tierwelt betrachtet: hier finden sich besonders bei den Vögeln viele an die künstlerische Produktion erinnernde Bewerbungserscheinungen. Aber wenn man die näheren Verwandten des Menschen untersucht, also vor allem die Affen, so kann man nur weniges anführen, und von diesem wenigen ist es keineswegs sicher, daß es der Bewerbung dient. Der Konnex zwischen den tierischen Bewerbungserscheinungen und den Anfängen der menschlichen Kunst wird also durch die Tatsachen durchaus nicht so wahrscheinlich gemacht, wie man angesichts jener Analogien zuerst glauben sollte.

2. Die Erörterung wendet sich der Menschenwelt zu. Wie verhält es sich hier a) mit dem ästhetischen Genießen, b) mit der künstlerischen Produktion? a) Nach der Darwinschen Theorie müßte der ästhetische Genuß sein eigentliches Fundament in der Schätzung der gattungsmäßigen Leibesschönheit haben. Es ist aber aus den uns bekannten Tatsachen, besonders aus der Eigenart der primitiven Kosmetik, nicht leicht wahrscheinlich zu machen, daß die Schönheit des normalen Körpers anfänglich im Zentrum eines ästhetischen Genießens steht, das ja mit dem Begehren des

*) Der vollständige Vortrag wird in den „Hessischen Blättern für Volkskunde“ (B. G. Teubner 1904) abgedruckt.

Gesunden, Normalen nicht verwechselt werden darf. Mit mehr Recht könnte man behaupten, daß die volle Würdigung der nackten Leibesschönheit erst in den Höhengebieten der Kultur, im antiken Hellas und im Italien der Renaissance zum alles beherrschenden Mittelpunkt künstlerischer Interessen geworden sei. — b) Ganz analog wird man bei der künstlerischen Produktion zu urteilen haben. Daß die primitive Kunst viele Beziehungen auf das Sexualleben darbietet, ist bei einem so gefühlsreichen Gegenstande selbstverständlich. Stellt man sich dagegen die Frage, ob die primitive Kunst mehr Beziehungen auf die Bewerbung enthalte als die entwickelte, so muß man antworten: im Gegenteil, das Erotische hat für die Kunst der Kulturvölker eine viel umfassendere Bedeutung als für die Kunst der uns bekannten primitiven Stämme. Dies läßt sich gerade bei denjenigen Künsten, auf die es hierbei besonders ankommt, nämlich bei dem Körperschmuck und dem mit Musik und Poesie verknüpften Tanze mit überzeugenden Gründen nachweisen. Schon die beiden Tatsachen, daß in der primitiven Lyrik das erotische Motiv so gut wie ganz zu fehlen scheint, und daß sich die Tanzfeste der Primitiven häufig nur unter Männern abspielen, während es den Weibern bei Todesstrafe verboten ist, die Festhütte zu betreten, wird jeden gegen die Darwinsche Hypothese bedenklich stimmen müssen.

Man gelangt so zu dem Resultat, daß der Versuch einer einseitigen Ableitung der Kunst aus den menschlichen Bewerbungsvorgängen durch die Tatsachen nicht unterstützt wird.

Über musikalische Einfühlung.

Von

Siebeck.

Die Grundlage der ästhetischen Einfühlung im allgemeinen besteht in dem annähernden Gleichgewicht des gefühlsmäßigen und des gegenständlichen Faktors einer Wahrnehmung. Die Gesamtwirkung der an den einzelnen Wahrnehmungsinhalten (a, b, c . . .) haftenden gefühlsmäßigen Betonungen (α, β, γ . . .) gibt dabei die dem Gegenstand eignende Stimmung, die als ein eigenartiger Gefühlszustand (Σ) mit und neben den α, β, γ . . . sich zur Geltung bringt. Die im synthetischen Wahrnehmungsakt liegende Auffassung des Gegenständlichen als der Einheit der a, b, c . . . verschmilzt für das Bewußtsein mit dem einheitlichen Gesamteffekt der α, β, γ . . ., also mit dem Σ. In diesem Vorgang liegt das Wesen der „Einfühlung". Die Stimmung ist hiernach nicht die Folge der Einfühlung, sondern ihre Bedingung und die Einfühlung selbst „beruht nicht eigentlich darauf, daß wir uns in den Gegenstand, sondern darauf, daß wir den Gegenstand sozusagen in uns hineinfühlen"; er wird vermittelst der Stimmung ein Moment des eignen Gefühlszustandes und damit ein bestimmter Wert des eignen Gefühlslebens. „Sofern er nun aber doch nicht umhin kann, den Charakter des Äußeren, eines Außendinges zu behalten, erscheint dieses ‚Ding' als ein durchseeltes (analogon personalitatis u. dgl.)."

Zur Erklärung der spezifisch musikalischen Stimmung dient von hier aus Folgendes. Das gefühlsmäßige Moment bei der Wahrnehmung einer Tonfolge und eines Zusammenklangs von Tönen liegt in der dem Bewußtsein intuitiven Nervenwirkung der Tonempfindungen, das gegenständliche „in der diskursiven Auffassung von Melodie und Rhythmus in Verbindung mit der Art, wie in der Harmonie eine Mehrheit von Tönen in und trotz ihrer Verschmelzung sich doch zugleich vermöge der physiologischen Einrichtung des Gehörsinns in gewissem Grade als gesondert und unterscheidbar zu erkennen gibt". Dasjenige, was auf Grund des Gleichgewichts dieser beiden Momente in den Tönen vermittelst der dadurch bedingten Stimmung zur Einfühlung gelangt, ist das Bild von Wesen, Eigenart und Wert unserer Gefühle selbst. Es ist der spezifisch musikalischen Einfühlung wesentlich, daß bei ihr nicht solche Gefühlsqualitäten, die an der Vorstellung bestimmter Dinge haften, sich zu dem Effekt einer Stimmung zusammenschließen, sondern daß die Stimmung sich aus dem Gesamteffekt von Gefühlsqualitäten ergibt, die uns durch die Töne direkt, d. h. ohne den Umweg über bestimmte Dingvorstellungen vermittelt werden. Dadurch werden die Töne aus einem bloßen Hörreiz zu einem Gegenbild und damit zu einem Wert des eignen Gemütslebens. Die Musik vermag Gefühlsreproduktionen nicht als „abgeblaßte" Vorstellungen, sondern zugleich mit der entsprechenden Farbe lebendig zu machen. Das Zusammenwirken von Harmonie, Rhythmus und Melodie gibt eine Art hörbares Abbild derjenigen Modifikation des Lebensgefühls, als welche ein bestimmtes Spezialgefühl, wenn es in Wirklichkeit auftritt, sich darstellt (eine Tatsache, die sich auch psychologisch unter Heranziehung des Begriffes der „Gestaltqualitäten“ und des Verhältnisses der Musikwirkung zu der menschlichen Stimme und den Ausdrucksbewegungen noch weiter analysieren und einleuchtend machen läßt). Die ästhetische Wirkung eines Tonstückes als Ganzes besteht auf Grund alles dessen in dem Eindruck, daß ein dem Wesen des Persönlichen entsprechendes Gefühlsleben vor dem geistigen Anschauungsvermögen (in diesem Falle durch die sinnliche Vermittelung des Gehörs) vorüberzieht. Die musikalische Einfühlung hat aber nicht bloß reproduktiven, sondern auch in gewissem Grade schöpferischen Charakter. Die Instrumentalmusik kann auch Inhalte darbieten, deren gefühlsmäßige Anmutung zwar immer auch in der Richtung entweder des Excitativen oder des Depressiven liegen wird, die aber, hiervon abgesehen, individuell nicht weiter zu benennen und zu klassifizieren sind, obwohl sie unmittelbar als in Analogie mit dem erfahrungsmäßig Bekannten und Benennbaren stehend erkannt und anerkannt werden.

Über den Rhythmus der Prosa.

Von

K. Marbe.

Bei der Lektüre des Anfangs des Goetheschen Rochusfestes (AR) glaubte M. eigentümliche subjektive Tatbestände (Bewußtseinslagen) in sich zu erleben, die ihm aus einer gewissen Gleichförmigkeit des Rhythmus zu resultieren schienen. Im Anschluß daran gelangte er zur Ansicht, daß die von ihm oft wiederholte Lektüre des Anfangs der Harzreise spezifisch andere Bewußtseinslagen in ihm ausgelöst hatte, die ihm mit einer geringeren Gleichmäßigkeit des Rhythmus zusammenzuhängen schienen. Eine Accentuierung und statistische Untersuchung der Anfänge im Sinne der ca. 3000 ersten Worte beider Schriften zeigte, daß der Rhythmus von AR in der Tat gleichförmiger ist als der von AH.

Eine Ausdehnung dieser Untersuchungen auf andere Goethesche und Heinesche Texte, sowie auf eine Schrift der zeitgenössischen wissenschaftlichen Literatur ergab eine Reihe auf den Rhythmus der neuhochdeutschen Prosa bezügliche Tatsachen. Bezeichnen wir die Anzahl der zwischen zwei betonten Silben stehenden unbetonten

Silben mit Z, das arithmetische Mittel der Z-Werte mit m und deren mittlere Variation mit v, so lassen sich diese Tatsachen folgendermaßen zusammenfassen:

I. Z ist der Zahl 2 häufiger gleich als irgend einer andern.

II. Die Häufigkeit einer der rhythmischen Formen –́ –́, –́ — –́, –́ — — –́, u. s. f. ist um so geringer, je mehr Z einerseits den Wert 2 übersteigt und je mehr es anderseits hinter dem Wert 2 zurückbleibt.

III. Der Maximalwert von Z ist gleich 11.

IV. $\frac{v}{m} = 0{,}464.$

Diese Sätze haben in dem Sinne eine allgemeine Bedeutung für die neuhochdeutsche Sprache, in welchem statistisch gewonnene Resultate eine allgemeine Bedeutung besitzen können. Untersuchungen an einem Chateaubriandschen und einem Zolaschen Text zeigten, daß für die französische Sprache ganz andere Sätze zuzutreffen scheinen.

M. vertritt die Ansicht, daß der Rhythmus eines Prosatextes von wesentlichem Einfluß auf den ästhetischen Eindruck ist, den der Text ausübt und er verlangt, daß eine Untersuchung des Prosastils eines Schriftstellers auch den Rhythmus eingehend prüfe. Er weist auf die Bedeutung hin, welche rhythmisch-statistische Untersuchungen für Echtheitsfragen besitzen, sowie auf eine Reihe anderer philologischer und sprachwissenschaftlicher Probleme, die möglicherweise durch Fortsetzung solcher Untersuchungen gefördert werden.

Das dem Vortrag zu Grunde liegende ausführliche Manuskript ist in der Rickerschen Verlagsbuchhandlung in Gießen erschienen.

Diskussion:

Herr Ettlinger: Für den ästhetischen Charakter von Prosasätzen scheint die Zahl und Verteilung der Betonungsstufen wesentlicher als die Verhältniszahl von betonten und unbetonten Silben. — Die Berücksichtigung der Betonungsstufen scheint auch notwendig, weil nach der üblichen Auffassung mehr als 3 unbetonte Silben nicht aufeinanderfolgen, während der Herr Redner von 4—9gliedrigen unbetonten Silbenfolgen spricht.

Herr Anton: Rhythmus ist eine fundamentale Eigenschaft der individuellen Sprache. Wir wissen, daß Aphatiker oft noch den Rhythmus haben, wenn auch das Wort verloren ging. Ferner geben sogar für die Frühdiagnose von Krankheiten die Abänderung des Rhythmus sowie die Monotonie der Sprache Anhaltspunkte (Paralyse, Katatonie). Zur Feststellung solcher Änderungen eignet sich die phonographische Fixierung, zumal ein Vergleich der zu verschiedenen Zeiten vorgenommenen Aufnahmen.

Herr Krueger: Der charakteristische (akustische) Prosastil eines Werkes, eines Menschen, eines Volkes — wie er neuerdings z. B. von Sievers jeweils recht sicher unterschieden und wiedererkannt wird — beruht nicht allein auf dem dynamischen Accente. Er entsteht vielmehr aus dem Zusammenwirken der 4 Faktoren: Höhe, Stärke, Dauer und Klangfarbe der Sprachlaute, in ihren wechselnden, absoluten und relativen Eigenschaften. Die rein subjektiven Methoden der meisten Sprachforscher gestatten nicht, diese Faktoren auseinanderzuhalten. Aber auch das Marbesche Verfahren der einfachen Accentuierung genügt meines Erachtens nicht, den dynamischen Accent mit Sicherheit zu isolieren. Ohne graphische Registriermethoden wird das nicht gelingen. Die Marbeschen Beobachtungen, in ihrer schönen Übereinstimmung, beziehe ich auf einen unmittelbar gegebenen „Rhythmus" psychischer Hebungen und Senkungen von komplexer Beschaffenheit.

Herr Wendt: Die Untersuchungen im Sinne des Herrn Marbe haben eine außerordentliche Wichtigkeit. Ich bin der Sache noch in einer andern Weise nahegetreten, und habe bei lebenden Schriftstellern die Parallelität ihrer rhythmischen Sprechweise zum Verhältnisse des Rhythmus in ihrer Prosa festgestellt. Diese Übereinstimmung veranlaßt auch den Einfluß der rhythmischen Strophen und Lieder im Kindergarten auf die Erzählweise der Kleinen. Auch hat eigentlich jeder gebildete, viel sprechende Mensch einen indi viduellen Sprechrhythmus, z. B. Herr Marbe einen stark dreitak tigen Satzrhythmus, wie die Scansionen der Stenogramme seiner Rede ergeben haben.

Herr Wirth: Hinsichtlich der vom Herrn Vortragenden schon in Aussicht genommenen Ausdehnung auf andere Schriftsteller empfehle ich (vom Vortragenden vielleicht auch schon in Aussicht genommen) Novalis (Lehrlinge von Sais, Heinrich v. Ofterdingen), als Übergang (bezw. als Vorbereitung) von Poesie und Prosa. Hier wird sich besondere Konstanz ergeben.

Herr Marbe erkennt die Anregungen der Herren Vorredner teilweise an.

VIII.

Kinderpsychologie und Pädagogik.

Das psychologische Experiment an Kindern.

Von

Wilhelm Ament.

Unter Experiment verstehen die Wissenschaften, die sich seiner bedienen, und ganz ebenso auch die Theoretiker des Experiments in der Seelenkunde, die Beobachtung von Erscheinungen unter künstlich hergestellten Bedingungen. Nach verschiedenen Gesichtspunkten lassen sich verschiedene Formen des Experiments unterscheiden. In psycho-physischer Hinsicht drei: soweit es sich auf die den äußeren Sinnesreizen entsprechenden Bewußtseinserscheinungen richtet, spricht man von einer Eindrucksmethode; soweit es sich auf die den Bewußtseinserscheinungen entsprechenden äußeren Ausdrucksbewegungen richtet, von einer Ausdrucksmethode; zwischen beide stellt Münsterberg, der statt der Eindrucksmethode von einer psychopetalen, statt der Ausdrucksmethode von einer psychofugalen spricht, die auf die innere seelische Tätigkeit gerichtete psychozentrale Methode. Vielleicht dürfte man statt dieser letzten auch von einer Tätigkeitsmethode sprechen. In Hinsicht auf die Zahl der beobachteten Individuen ist das Experiment Einzel- und Massenexperiment. In anderer Hinsicht wiederum möchte ich, soweit das Experiment zur Feststellung seelischer Erscheinungen geschieht, von einer Feststellungsmethode reden, wie man ja bereits, soweit es sich um die Vergleichung seelischer Erscheinungen handelt, von einer Vergleichungsmethode gesprochen hat.

Im allgemeinen halten Wundt und seine Schule, wie Münsterberg und Külpe, das Experiment auf die ganze Seelenkunde anwendbar. Ja Wundt glaubt sogar, daß „auf naturwissenschaftlichem

Gebiet unter günstigen Bedingungen auch ohne Experiment eine exakte Beobachtung möglich, auf psychologischem aber eine solche ausgeschlossen ist."*) Andere Psychologen wiederum, wie Elsenhans, nehmen Grenzen der Anwendbarkeit des Experimentes an.

Das Experiment in der Kinderseelenkunde ist eine besondere Anwendungsart des Experiments in der Seelenkunde überhaupt. Doch ist sein Gedanke hier nicht neu, sondern geht bereits ins 18. Jahrhundert, ja sogar bis ins Altertum zurück. Im Altertum finden wir die Experimente zur Ergründung der Ursprache an Kindern, im 18. Jahrhundert den „Talentprüfer" Ruder in Schweden. Das moderne Experiment beginnt etwa um die Mitte des 19. Jahrhunderts. Seine Einführung ist hier teils eigenes Verdienst der Kinderseelenkunde, noch mehr aber eine unmittelbare Folge seiner Einführung in die allgemeine Seelenkunde. Wie hier, experimentierte man auch an der Kinderseele zuerst an den Sinnesempfindungen und dann erst an den verwickelteren seelischen Erscheinungen. Für letztere wirkte in erster Linie das Beispiel der Inangriffnahme mehrerer wichtiger, allgemein psychologischer Probleme, wie: des Vorstellungskreises, der Ermüdung, des Gedächtnisses, der Individualität, dazu noch das des psychologisch-didaktischen Experiments. Heute ist sowohl die Zahl der experimentell behandelten Probleme, wie auch die Zahl der einzelnen Beiträge zu ihnen bereits eine unübersehbare geworden.

Im allgemeinen trägt das Experiment in der Kinderseelenkunde denselben Charakter wie das in der allgemeinen Seelenkunde. Zur Anwendung gelangen Eindrucks-, Tätigkeits- und Ausdrucksmethoden, Einzel- und Massenexperimente, Feststellungs- und Vergleichungsmethoden. Im besonderen ist es aber hier doch durch die abweichenden Verhältnisse, denen es unterliegt, modifiziert und zwar in erster Linie durch die Tatsache, daß es nicht an einer entwickelten, sondern an einer in Entwicklung befindlichen Versuchsperson vorgenommen wird. Die seelischen Erscheinungen sind je nach dem Alter der kindlichen Versuchsperson noch mehr oder minder unentwickelt. Dazu ist der Analogieschluß auf das kindliche Seelenleben noch weit unsicherer als der auf das Seelenleben unserer erwachsenen Mitmenschen. Endlich kann die Entwicklung selbst zwar im einzelnen in beschränktem Maße durch Experimente beeinflußt, nie aber an

*) Grundzüge der physiol. Psychologie. 5. Aufl. Bd. I. S. 4.

sich durch das Experiment verfolgt werden, teils weil wir kein künstliches Kind zu machen im stande sind, teils weil uns Sitte und Gesetz Beeinflussungen gewaltsamerer Art verbieten. An der Entwicklung findet also das Experiment seine Grenze. Die Eindrucks- und die Tätigkeitsmethode hängen von der Entwicklung des Bewußtseins und Selbstbewußtseins, die Ausdrucksmethode von der Entwicklung der Ausdrucksbewegungen ab. Die Feststellungsmethoden — gerade an der Kinderseele eigentümlich ausgebaut — müssen den Vergleichungsmethoden vorangehen. Die Möglichkeit mit dem Kind zu experimentieren entwickelt sich mit dem Kinde selbst.

Wo nun das Experiment nicht angewendet werden kann, da muß die reine Beobachtung geschehen. Mit Unrecht hat sie in der experimentellen Seelenkunde ihr Ansehen verloren. Sie ist die Urmethode. Auf ihr fußen alle übrigen Methoden, also auch das Experiment. Ihr selbst verbleibt aber noch ein großes und bedeutendes Arbeitsfeld da, wo der Bereich des Experimentes aufhört, vor allem bei der Erforschung der Entwicklung der Kinderseele, die zwar, wie oben ausgeführt, nicht dem Experimente, wohl aber der Beobachtung zugänglich ist.

Wundt spricht nun Exaktheit dem Experiment allein zu. Exaktheit aber eignet nicht allein dem Experimente; sie ist vielmehr eine Größe, die aus dem Wesen einer Methode und der Persönlichkeit des Forschers, der sie anwendet, resultiert. Mag auch dem Experimente ein höherer Grad der Exaktheit zukommen als der reinen Beobachtung, jedenfalls ist es unrichtig, sie nur dem Experimente zuzuschreiben.

Eingangs wurde erwähnt, daß Wundt und seine Schule das Experiment auf die ganze Seelenkunde anwendbar halten, daß aber dieser Anschauung von anderen Psychologen, wie Elsenhans, widersprochen wurde. Wie sie sehen, muß ich mich aus dem Studium eines besonderen Gebietes der Seelenkunde heraus der letztgenannten Ansicht anschließen.

Über das Wesen und die Bedeutung der experimentellen Didaktik.

Von

W. A. Lay.

I.

Wenn ich zeigen soll, welches meine Ansichten über das Wesen der experimentellen Didaktik sind, die prinzipiell exakte Beobachtung, Statistik und Experiment zur Lösung der Probleme des Unterrichts verwendet, so brauche ich in einer Versammlung von Vertretern der experimentellen Psychologie nur anzugeben, wodurch die experimentelle Forschungsmethode auf dem Gebiete der Didaktik von der experimentellen Forschungsmethode der theoretischen Psychologie sich unterscheidet.

Es soll also gezeigt werden, daß die experimentelle Forschungsmethode auf dem Gebiete der Didaktik eine eigenartige Gestaltung und Durchführung erfahren muß.

1. Die experimentell-didaktischen Untersuchungen müssen vor allen Dingen an Schülern, an Kindern, an den in der Entwicklung begriffenen und nicht an den entwickelten Personen durchgeführt werden.

2. Der öffentliche Unterricht hat ganze Schulklassen und jeden einzelnen Schüler ins Auge zu fassen. Beobachtung, Statistik und Experiment müssen sich daher auf Schulklassen als Einheiten beziehen; gleichzeitig müssen aber bei Feststellung der Resultate auch die individuellen Differenzen sorgfältig berücksichtigt werden, um die Individualitäten und Typen näher kennen zu lernen.

3. Didaktik und Pädagogik müssen den Menschen stets als eine Person auffassen und als solche beurteilen, bewerten und behandeln; die theoretische Psychologie dagegen betrachtet den Menschen als ein Objekt und beschreibt und erklärt dessen psychische Erscheinungen.

4. Die experimentelle Didaktik und Pädagogik muß stets das Seelenleben als Ganzes im Auge behalten und konkrete Resultate für das Individuum feststellen; die theoretische Psychologie hingegen isoliert und analysiert die psychischen Erscheinungen bis auf die allerletzten Elemente, um allgemeine, für den Menschen überhaupt gültige, abstrakte Resultate zu erzielen.

5. Die psychologische Analyse, die Ausführung und Berechnung des didaktischen Experimentes genügen, sobald durch sie der verfolgte praktische Zweck erreicht wird. Die Exaktheit, die das psychophyische Experiment erstrebt, will und kann das didaktische Experiment nicht erreichen, weil es mit Kindern und in der Regel mit allen Schülern der Klasse zugleich arbeiten muß.

6. Die didaktischen Experimente dürfen sich nur so weit von der Lebenswahrheit der Unterrichtspraxis entfernen, als es die Vergleichbarkeit und die Bearbeitung der Versuchsresultate erfordern. Das didaktische Experiment ist nichts anderes als eine exakte Unterrichtspraxis, eine Unterrichtspraxis, bei der die Maßnahmen und der Erfolg zahlenmäßig genau kontrolliert und verglichen werden können. Schulmänner, welche die Verantwortung des didaktischen Experimentes bezweifeln, müßten also schlechthin jeder Erfahrung in der Unterrichtspraxis den Glauben versagen und die Möglichkeit eines didaktischen Fortschritts und einer Verbesserung des Unterrichts leugnen.

7. Das didaktische Experiment muß drei Hauptstadien durchlaufen: a) die Hypothesenbildung als Vorbereitung zur Gestaltung des Versuchs, b) die Durchführung des Versuchs, c) die praktische Verwertung und Verifikation in der Praxis.

Zur Hypothesenbildung muß verwertet werden all das, was Kinderforschung und Psychologie, was Physiologie, Psychopathologie und Hygiene, was Geschichte und Methodik, die spezielle didaktische Literatur und die übliche Unterrichtspraxis, was Beobachtungen, Umfrage und Statistik zur Klärung des Problems beitragen können. Das durch Bearbeitung des so gesammelten Materials sich ergebende Resultat wurde in der Didaktik bis jetzt als Lösung des Problems angesehen; die experimentelle Didaktik betrachtet dieses Resultat aber bloß als Hypothese, als das erste Stadium der Untersuchung, dem Experiment und Verifikation desselben nachfolgen müssen.

II.

Aus dem Wesen der experimentellen Didaktik ergibt sich unmittelbar eine Reihe von Konsequenzen, welche die Bedeutung der experimentellen Didaktik für die Psychologie, die Pädagogik und den Unterricht erkennen lassen. Es seien folgende hervorgehoben:

1. Die experimentell-didaktischen Untersuchungsresultate stellen Beiträge zur pädologischen und psychologischen Forschung überhaupt dar. Sie werden der theoretischen Psychologie vielfach Anregung geben und ihr willkommene Vorarbeiten liefern.

2. Die experimentelle Didaktik muß auf eigene Füße gestellt werden; die Didaktik darf nicht mehr abwarten, bis Brosamen vom Tische der Psychologen für sie abfallen. Die theoretische Psychologie kann und will nicht mit Rücksicht auf die pädagogische Verwertbarkeit ihrer Resultate ihre Forschung betreiben. Sie hat daher einerseits wichtige didaktische Fragen noch nicht berührt, und andererseits besitzen viele ihrer Resultate keine didaktische Verwertbarkeit. Es sind also Lehrstühle zur Pflege der experimentellen Didaktik und Pädagogik nötig, die mit Seminarübungsschulen und pädologischen Laboratorien, wie sie Antwerpen und Chicago besitzen, verbunden sein müssen. Im ganzen Deutschen Reich kann nur ein Bundesstaat, Sachsen-Weimar, sich eines pädagogischen Lehrstuhles rühmen. In Nordamerika hat man in den letzten 20 Jahren über 50 pädagogische Lehrstühle und psychologische Laboratorien errichtet, und in andern Staaten ist man ebenfalls nicht zurückgeblieben; wir Deutsche sollten aus solcher Rückständigkeit herauskommen. Die deutschen Staaten bringen jährlich große Opfer für Experimente über die Kultur von Nutzpflanzen und für Versuchsstationen zur Veredlung von Haustieren; sie sollten auch die Ausführung pädologischer und didaktischer Experimente fördern und unterstützen.

3. Da die Resultate der experimentellen Forschung und die Bedingungen der Entstehung der Resultate genau fixiert sind und daher von andern Forschern genau kontrolliert, berichtigt und weitergeführt werden können, so ist eine ausgedehnte und innige pädagogische Arbeitsgemeinschaft ermöglicht, die einen mächtigen Fortschritt auf dem Gebiete der Pädagogik herbeiführen kann.

4. Für die Seminardirektoren, Seminarlehrer, Rektoren und Schulinspektoren ist ein eingehendes pädagogisches Fachstudium an der Universität unerläßlich zu erachten, da sie die pädagogische Vor- und Fortbildung der Volksschullehrer leiten sollen. Diese Schulmänner müssen nun an der Universität auch die experimentellen Forschungsmethoden der Pädologie, Didaktik und Pädagogik kennen und anwenden lernen, da sie das beste Erziehungsmittel zum objektiven und vorsichtigen Beobachten im Gebiete des Unterrichts und der Erziehung darstellten.

5. Die experimentell-didaktische Forschungsmethode ist im stande, eine für die körperliche und geistige Entwicklung naturgemäße und daher hygienische Gestaltung des Unterrichts herbeizuführen.

Die Schulhygiene hat nachgewiesen, daß die Zahl der Schüler, die an Schulkrankheiten, Nervosität, Kopfschmerz, Bleichsucht u. dgl. leiden, in den ersten Schuljahren sich verdoppelt und die Zahl der schulkranken Schüler im **16.** bis **17.** Lebensjahr mit **60** bis **70**% das Maximum erreichte. An der Hand statistischer Untersuchungen der Schulhygiene habe ich in einem Vortrag auf dem ersten internationalen Kongreß für Schulhygiene*) nachgewiesen, daß die innere Organisation der Schulen: Lehrziele, Lehrpläne und Lehrverfahren das Längenwachstum und die Zunahme des Körpergewichtes hemmen und die körperliche Entwicklung stören. — Bekannt ist, daß Männer wie Gauß, Liebig, Darwin, Helmholtz, Nußbaum, aber auch Männer unserer Zeit in allen Gesellschaftskreisen, von der Schule verkannt und in ihrer geistigen Entwicklung gehemmt wurden. Meine Untersuchungen über die Anschauungstypen haben mich überzeugt, daß manche Schüler in ihren natürlichen Anlagen vergewaltigt und falsch beurteilt werden. — Vergleicht man die Schriften über das Lehrverfahren in ein und demselben Unterrichtsgegenstande, so findet man sehr oft geradezu entgegengesetzte Maßnahmen anempfohlen. Auf dem Gebiete der Methodik herrscht der größte Wirrwarr der Meinungen, und es gibt viele Schulmänner, die leichtfertig sprechen: Es führen viele Wege nach Rom; sie bedenken nicht, daß nur einer von einem bestimmten Punkte aus der beste ist, und daß man vom Standpunkte der Hygiene und Volkswirtschaft, der Ethik und Pädagogik fordern müsse, daß die Schule mit dem geringsten Aufwand von Kraft und Zeit die besten Resultate erziele. — Aus diesen Tatsachen folgt, daß in der Theorie und Praxis des Unterrichts Mängel und Fehler bestehen, welche die körperliche und die geistige Entwicklung der Schüler stören und welche daher beseitigt werden müssen. Die Erfahrung zeigt aber, daß seit vielen Jahren die besten Schulmänner sich anstrengen, den Unterricht zu verbessern, und sie haben den Wirrwarr der Meinungen auf methodischem Gebiete nicht beseitigen können. Daraus folgt, daß der „gesunde

---

*) Vgl. Lay, Die moderne Schule im Lichte des ersten internationalen Kongresses für Schulhygiene. Nemnich. Wiesbaden. 1904.

Menschenverstand", der „pädagogische Takt", die „langjährige Erfahrung", und allgemeine psychologische Erwägungen nicht genügen, um die speziellen Fragen des Unterrichts auf zuverlässige Weise zu lösen. Die experimentelle Forschungsmethode muß notwendig hinzutreten. Theoretisch ist zuzugeben, daß alle Bewußtseinserscheinungen der experimentellen Forschungsmethode zugänglich sind. Praktisch haben andere und ich selbst gezeigt, daß die verschiedenartigsten Fragen der Schulpraxis mit ihrer Hilfe einer zuverlässigen Lösung entgegengeführt und der Unterricht verbessert werden könne — ich darf hier auf meine didaktischen Untersuchungen hinweisen, die ich, wie gewünscht wurde, zur Ausstellung hierher geschickt habe. Gestaltet man z. B. den Rechtschreibunterricht nach meinen Versuchsresultaten, so wird dadurch bis zum zwölffachen an Kraft gespart. Richtet man sich im ersten Rechenunterricht nach meinen experimentellen Untersuchungen, so kann bis zum fünfzehnfachen an Kraft gewonnen werden. Sicherlich kann mit Hilfe der experimentellen Forschungsmethode der Unterricht naturgemäßer gestaltet und also verhindert werden, daß er die körperliche und geistige Entwicklung der Schüler hemmend schädige.

6. Die experimentelle Didaktik wird das pädagogische Gewissen schärfen, die Reformer auf dem Gebiete des Unterrichts zur Vorsicht und wissenschaftlichen Gründlichkeit zwingen und die pädagogische Kritik in der Literatur und der Schulpraxis wirklich kritisch gestalten. Die experimentelle Didaktik zeigt einerseits, daß der „gesunde Menschenverstand", die „langjährige Praxis", der „pädagogische Takt", allgemeine psychologische und logische Erwägungen dem großen Wirrwarr didaktischer Meinungen und Maßnahmen n i c h t ein Ende bereiten können; andererseits beweist sie aber, daß die Probleme des Unterrichts mit Hilfe der experimentellen Forschungsmethode gelöst werden können und gelöst werden müssen. Man kann und muß daher von jetzt an auch die Techniker auf dem Gebiete des Unterrichts zur Verantwortung ziehen, wenn sie bei der Aufführung neuer Bauwerke Konstruktionsfehler machen oder falsche Maßnahmen treffen.

Ich schließe mit der Überzeugung: Wenn die Vertreter der experimentellen Psychologie die Schulmänner, die sich in den Dienst der experimentellen Didaktik und Pädagogik stellen, mit Rat und Tat unterstützen, so dürfen wir hoffen, daß jenes rohe Probieren und blinde Experimentieren, das alljährlich viele Lehrer an Tausenden von Schülern ausführen, allmählich schwinde, so dürfen wir hoffen, daß Lehrziele, Lehrpläne und Lehrverfahren allmählich einer naturgemäßen und daher hygienischen Gestaltung entgegengeführt werden, so dürfen wir hoffen, daß die experimentelle Forschungsmethode auch auf dem Gebiete der Pädagogik einen mächtigen Fortschritt herbeiführen werde — zum Wohle der Jugend, zum Wohle der Menschheit.

Die Sprachentwicklung eines Kindes, insbesondere in grammatischer und logischer Hinsicht.

Von

W. Stern.

Kein Problem der Psychogenesis hat in den letzten Jahren eine so vielseitige Behandlung erfahren wie die kindliche Sprachentwicklung; und dies ist verständlich, da einerseits von allen Äußerungen kindlichen Seelenlebens die Sprache der Beobachtung und Registrierung am leichtesten zugänglich ist, und da andrerseits im zweiten und dritten Jahre das Sprechen und seine Entwicklung das Zentrum des ganzen geistigen Lebens, der Beziehungspunkt ebenso der intellektuellen wie der Gemüts- und Willensbetätigungen ist.

In stetem Zusammenarbeiten war es meiner Frau und mir vergönnt, über die seelische Entwicklung unserer jetzt 4-jährigen Tochter in einer weit vollständigeren Weise Buch zu führen, als es bisher anderwärts geschehen ist. Die hier vorgelegte Tabelle und die folgenden Ausführungen über die Sprache unseres Kindes stellen nur einen kleinen Ausschnitt aus diesem Material dar, da alles Weitere noch der Verarbeitung harrt.

Bei der Beobachtung und Registrierung der Sprache unseres Kindes haben wir gewisse Seiten, die schon von früheren Forschern ausführliche Behandlung erfahren haben, insbesondere die physiologischen und phonetischen Entwicklungsmomente, weniger eingehend behandelt, um mehr Nachdruck auf das eigentlich Psychologische und Linguistische zu legen; hierin aber haben wir die Beobachtung bis zu höheren Entwicklungsstadien als sonst üblich war, fortgesetzt; so haben wir nicht nur die ersten Begriffs- und Wortbildungen, die Bedeutungswandlungen, das Wachstum des Wortschatzes usw.

festgestellt, sondern auch die Entwicklung der Grammatik nach Formenlehre und Syntax mit hinein bezogen. Hierdurch wird es möglich sein, das Material für einen weiteren Umkreis psychologischer, logischer und vielleicht auch sprachwissenschaftlicher Probleme nutzbar zu machen.

Je umfangreicher und damit unübersichtlicher aber unser Beobachtungsmaterial wurde, um so mehr drängte sich die Notwendigkeit auf, eine anschauliche Übersichtsform zu schaffen, die es erlaubt, sämtliche Hauptphasen der Sprachentwicklung unseres Kindes in geordneter Weise zu überblicken. Keine der bisher versuchten tabellarischen Darstellungen schien dies zu leisten. Wir fanden schließlich, daß diejenige Veranschaulichungsweise, die sich für größere Epochen der Weltgeschichte so oft bewährt hatte, die chronologisch-synchronistische, sich auf die Entwicklungsgeschichte einer Kindessprache mit Erfolg übertragen ließ; und in der ausgestellten Tabelle ist diese Veranschaulichungsform durchgeführt. Sie enthält in 10 Spalten nebeneinander die Entwicklung der neun Wortformen und der Syntax; die senkrechte Richtung ergibt die Chronologie, für welche an den Rändern rechts und links Jahr und Monat angezeigt sind; die wagerechte Lesung ergibt, welche Sprachphänomene gleichzeitig vorhanden waren bezw. auftraten. In jeder Rubrik ist das erste bezw. das entscheidende Vorkommen der zu der Wortklasse gehörigen Flexionsformen, Neubildungen, Bedeutungsgruppen notiert; in roter Schrift sind daneben Beispiele aus dem Wortschatz des Kindes gegeben. So erlaubt die Tabelle sowohl die absolute Zeit des Auftretens bestimmter sprachlicher Phänomene, wie auch — was bedeutend wichtiger ist — ihr zeitliches Vor-, Neben- und Nacheinander ohne weiteres abzulesen.

Natürlich ist die in der Tabelle niedergelegte Entwicklungsgeschichte noch durchaus individuell; aber es ist zu hoffen, daß, wenn wir erst eine größere Reihe nach gleichem Prinzip angeordneter Sprachtabellen haben werden, sich bald allgemeinere Gesetzmäßigkeiten der kindlichen Sprachentwicklung herausstellen werden.

Ich gehe nun dazu über, einige psychologische Probleme der Kindessprache herauszugreifen und aus der Tabelle zu erörtern. Als Ausgangspunkt kann die uralte Frage dienen, ob das Sprechenlernen des Kindes eine bloße Nachahmungsfunktion oder ein Ergebnis spontaner Eigentätigkeit sei. Bis in die neueste Zeit hinein ist die Alternative durch die Stichworte „Nachahmung oder Erfindung?“

ausgedrückt worden, sehr zum Schaden der gedanklichen Klarheit. Denn die Vertreter der kindlichen Selbständigkeit machten sich nun mit einseitigem Interesse auf die Suche nach kindlichen „Urschöpfungen“ von Worten, die Anhänger der Nachahmungstheorie glaubten die Sache gewonnen zu haben, sobald sie für derartige Urschöpfungen irgend eine versteckte Ableitung aus Worten der Umgangssprache meinten entdeckt zu haben. Daß solche völlig spontanen Worterfindungen tatsächlich vorkommen, darf wohl jetzt, namentlich nach Stumpfs Beschreibung der Sprachentwicklung seines Sohnes, als erwiesen gelten; aber die Wichtigkeit, die ihnen in jenem alten Streit zugewiesen wurde, haben sie keinesfalls; sie sind entweder Kuriosa oder Produkte einer sehr eigentümlichen Individualität; und man wird wohl im allgemeinen sagen können, daß bei normalen Kindern ihre Zahl um so geringer sein wird, als die Beobachtung gründlicher ist; denn bei lückenhafterer Beobachtung bleiben oft die seltsamen unterirdischen Gänge unbemerkt, die von irgend einem Wort der Umgangssprache zu der scheinbar unerklärlichen Neubildung geführt haben.

Aber hiermit ist die Frage nichts weniger als erledigt; die Spontaneität des Kindes braucht sich ja durchaus nicht gegensätzlich zur Nachahmung zu verhalten, sondern sie kann sich an und mit dem Material selbst äußern, das durch die Nachahmung gewonnen ist. Diese Spontaneität in der Nachahmung bekundet sich vor allem nach zwei Richtungen, als verarbeitende und als auswählende Tätigkeit.

I. Die spontane Verarbeitung des Nachahmungsmaterials. Der Schatz der Worte und Formen, die sich das Kind durch Nachahmung aneignet, und der Schatz der Erlebnisse, die nach Äußerungen drängen, sind nicht immer gleich groß. Es gibt Zeiten, in denen sich die Vorstellungsfülle und damit das Äußerungsbedürfnis schneller entwickelt als der übernommene Wortschatz; und in solchen Epochen muß dann aus der Not eine Tugend gemacht, aus dem kargen Wortschatz neues Sprachgut geformt werden. Die bekannteste Art dieser Verarbeitung wird durch die Analogiebildung dargestellt, die zu falschen Flexionsformen führt: „guter“ statt „besser“, „ich fäll“ statt „ich fall“ (Analogie zu: „du fällst“) „geeßt“ (= gegessen), „getut“ usw. Allein diese am häufigsten beschriebenen Eigenprodukte, die lediglich den Eindruck von Sprachfehlern machen, sind am wenigsten geeignet, die Bedeutung der selbständig formenden Tätigkeit des Kindes ins Licht zu setzen. Es gibt andere Verarbeitungen, die viel mehr eine Art inneren Sprachbildungstriebes verraten, nämlich Neubildungen von Wörtern durch Zusammensetzung und Ableitung — derselbe Weg, auf dem ja einigermaßen fertige Sprachen auch im Großen hauptsächlich weiter gebildet werden. Bei unserem Kinde ist es auffällig, wie sich in einer ganz bestimmten Zeit, nämlich gegen das Ende des 3. Jahres, derartige Neubildungen häuften; augenscheinlich war um diese Zeit die Diskrepanz zwischen übernommenem Wortschatz und auszudrückendem Vorstellungsschatz am größten. Später, als der Wortschatz reicher geworden war, nahmen derartige Originalbildungen sehr ab. Da dies Phänomen sowohl psychologisch wie auch durch seine Ähnlichkeit zu allgemein-linguistischen Sprachbildungsphänomenen besonders wichtig erscheint, so seien hier einige Beispiele aus der Fülle der bei unserm Kinde registrierten Neubildungen der genannten Art aufgezählt:

a. Zusammensetzungen: „Naseputzer" = Taschentuch; „Fenstertür" = Fensterflügel; „Kindsoldat" für einen aus der Ferne klein erscheinenden Soldaten; „Mannvogel", „Mannpiepchen", „Vogelmann" für ein Bild, das einen Knaben mit Vogelkopf darstellte. Für längere Zeit ging in ihrem regelmäßigen Sprachschatz die Bildung „Wachhemdchen" über (Gegensatz zu Nachthemdchen), ohne daß das Wort von der Umgebung aufgenommen worden wäre.

b. Ableitungen: „Schneide" = Scheere; „Haue" = Beil; „so viel Lese!" = Druckschrift; „atzen", geatzt" für die Tätigkeit des Papierzerreißens. (Ableitung: unser „ritsche ratsche" wurde „atze atze" nachgesprochen und dies zu einem Verb umgebildet.)

Mir scheint es sicher, daß diese sprachlichen Tatsachen für die Spontaneitätsfrage entscheidender sind als der etwaige Nachweis dieser oder jener vereinzelten Erfindung eines an nichts Bekanntes angelehnten Wortes.

II. Das elektive Moment. Unzählige Worte und Formen hört das sprechenlernende Kind fortwährend um sich ertönen; nur ganz wenigen aber wohnt die Fähigkeit inne, im Kind einen Nachahmungsakt hervorzurufen. Das Kind trifft also eine, natürlich unwillkürliche, Auslese aus dem Nachahmungsmöglichen, um es sich innerlich anzueignen. Nach welchem Prinzip geht nun die Auswahl vor sich?

In den allerersten Stadien vielleicht nach einem physiologisch-phonetischen: die leichter auszusprechenden Wörter werden bevorzugt, die schwereren gemieden. Aber sehr bald wird lediglich ein psychologisches Moment bestimmend: Das Kind eignet sich durch

Nachahmung diejenigen Wörter, Formen und Bedeutungen an, die seinem jeweiligen Entwicklungsstadium entsprechen, alles andere läßt es an sich abgleiten. Somit verhält sich das Kind gegenüber der Sprache seiner Umgebung durchaus nicht nur passiv aufnehmend, sondern sehr aktiv auswählend; und seine Sprachentwicklung wird zum Abbild des Gesamtentfaltungsprozesses seiner Psyche. In dieser Hinsicht ist daher auch ein Parallelismus zwischen ontogenetischer und phylogenetischer Sprachentwicklung am ehesten zu erwarten. Wie sich der innere Entwicklungsprozeß des psychischen Gattungslebens in der Succession der sprachlichen Schöpfungen, so dokumentiert sich der innere Entwicklungsprozeß des psychischen Einzellebens in der Succession der sprachlichen Erwerbungen. Wenn hier wie dort die Interjektionen vor allen andern Wortklassen, das Aktiv vor dem Passiv, die Ortsadverbien vor den Zeitadverbien, die Konkreta vor den Abstraktis, die Hauptsätze vor den Nebensätzen, die Infinitive vor den Partizipien auftreten, so handelt es sich beide Male um Zeugnisse allgemeiner Entwicklungstendenzen geistigen Lebens überhaupt.

Für die im Werdegange der Kindessprache wirkenden Entwicklungstendenzen sind schon mehrere Formeln geschaffen worden; ich nenne deren drei: die Entwicklung geht vom Konkreten zum Abstrakten; vom Individuellen zum Allgemeinen; vom Subjektiv-Affektiven zum Objektiv-Gegenständlichen. Während die beiden ersten Entwicklungen schon oft Erörterung gefunden haben, ist die dritte erst neuerdings von Meumann hervorgehoben und mit Beispielen aus den allerersten Sprachstadien belegt worden. Ich will nur bei diesem letzten Faktor verweilen.

Meumann weist nach, daß die ersten Wortbedeutungen des Kindes durchaus nicht den Charakter von Aussagen über Gegenständliches, sondern nur den von Stellungnahmen des Subjektes, von lust- oder unlustvollem, begehrendem oder verabscheuendem Verhalten haben, und daß sich erst später hieraus allmählich Bedeutungen entwickeln, die ein Konstatieren objektiver Tatsächlichkeit enthalten; wir sind nun auf Grund unseres Materials in der Lage, die gleiche Succession innerhalb der verschiedensten Spezialerscheinungen des linguistischen und grammatischen Fortschritts nachzuweisen. Nur einige Beispiele können hier herausgegriffen werden.

Daß das Passiv um mehr als ein Jahr später als das Aktiv auftrat, gehört hierher. Wie schon die Namen besagen, drückt ja das Aktiv die eigene Tätigkeit des Subjekts, das Passiv dagegen das kühle objektive Geschehenlassen aus. (Erstes Passivbeispiel bei unserm Kind mit $2^1/_2$ Jahren: „mein Schuh, der is schmutzig gemacht“.)

Sehr charakteristisch ist ferner das Verhalten des Kindes zu den verschiedenen Phasen der Zeit. Vergangenheit und Zukunft sind beide als das Nichtseiende logisch gleichwertig; aber für den Willen sind sie durchaus ungleichwertig, und diese Beziehung bestimmt ihre sprachliche Bewältigung. Daß das Kind ursprünglich durchaus in der Gegenwart lebe und gegen Vergangenheit und Zukunft gleich indifferent sei, ist kein korrekter Ausdruck der Tatsachen, zum mindesten nicht der sprachlichen Tatsachen. Dasjenige Tempus, das sprachlich zuerst auftritt, ist nicht die Gegenwart, sondern die unmittelbare Zukunft: denn diese Zukunft ist das Ziel des Strebens, der Erwartung, der Furcht, und die erste Sprache ist eben Willens- und Affektausdruck. Darum bleibt — es ist dies wohl eine allgemeine Beobachtung — anfangs der Infinitiv die einzige Verbform und zwar in durchaus optativer Bedeutung („essä“ = ich will essen usw.) etwa zwei Monate später tauchte bei unserer Tochter der Indikativ präs. („bennt“ = brennt) und erst weitere 6 Monate später das part. perf. auf; die Vergangenheit als das dem Willen entzogene, ist lange für das lediglich vorwärtsblickende Kind nur ein Schemen; das erwachende Interesse für Tatsachen der Vergangenheit setzt schon eine stärkere Objektivationsfähigkeit voraus. — Die gleiche Succession zeigt sich bei den Zeitadverbien: Zwischen dem ersten Wort dieser Klasse („erst“ in futurischem Sinn: „erst Flasche trinken!“) und dem ersten Adverb der Vergangenheit („eben Mama lieb gehabt“) liegen bei unserm Kinde sechs Monate.

Geradezu paradigmatisch aber zeigt sich die genannte Entwicklung bei dem Wörtchen „nein“. Es ist eines der frühesten Worte (mit $1^1/_2$ Jahren); hat aber zuerst nur die praktische Bedeutung der negativen Begehrung (der Abwehr): „Ich will das nicht haben“ oder „ich will das nicht tun“. Genau ein halbes Jahr später tauchte es zum ersten Mal im Sinn der negativen Konstatierung d. h. der Bestreitung auf: „Das ist nicht so“, z. B. als Antwort auf die Frage: „Hat das Kind einen Hut auf?“ —

Schließlich seien noch in Kürze die Hauptetappen der Entwicklung genannt, welche die Syntax bei unserer Tochter vom Ende des ersten bis zum Anfang des vierten Lebensjahres durchlaufen hat. Die erste Epoche, die etwa 8 Monate währte, war die des „Satzwortes“, in der das Einzelwort isoliert gebraucht wird, aber einen ganzen Satz vertritt („Puppe!“ = Ich will die Puppe haben). Sodann begann bei dem $1^1/_2$ jährigen Kinde die zweite Epoche: die der Verknüpfung mehrerer Wörter zum kleinen Hauptsatz („Alle Papa“ = Papa ist fort). Nach weiteren 3 Monaten stellten sich Satzketten ein, parataktisch aneinandergereihte Sätzchen („Bilda hinten; dada Mama ĕholn“ = Mama soll aus dem Hinterzimmer Bilder holen). Noch längere Zeit bewegte sich ihre Sprache durchaus in Hauptsätzen, die in aussagender, ausrufender, begehrender und fragender Form gebraucht werden. Auch logische Unterordnung wird durch syntaktische Nebenordnung ausgedrückt, z. B. mit $2^1/_4$ Jahren: „Is nich da Löffel, kann nich mahle mahle machen“ (sie pflegte sonst mit dem Löffel in der Tasse zu quirlen).

Der syntaktische Hauptfortschritt wird mit $2^1/_2$ Jahren, also etwa 20 Monate nach Beginn des Sprechenlernens gemacht: das Kind tritt in die Periode der Hypotaxe ein. Dies frühe Auftreten des „Satzgefüges“ von Haupt- und Nebensatz ist um so bemerkenswerter, als für die allgemeine Sprachentwicklung die Hypotaxe von den Linguisten als eine sehr späte Phase betrachtet wird. Das erste von uns notierte Satzgefüge lautet: „Papa, sieh mal, Hilde macht hat!“ (= was die Hilde gemacht hat.) Es folgen überraschend schnell alle möglichen Arten von Nebensätzen, so z. B. zwischen $2^1/_2$ und 3 Jahren: „Wenn Wetter is, dann gehn moͣgen wieder ba“ (= Wenn gutes Wetter ist, gehen wir morgen spazieren, Konditionalsatz); (zur Puppe sprechend:) „Freust du, Mama Wagen ekauft hat?“ (Objektsatz); „Mein Zimmer ist so kalt, Fenster aufemacht ist,“ (Kausalsatz); „Wie der Günther lacht, wenn de Hilde feift,“ (Temporalsatz, abhängig vom Ausrufsatz). Charakteristisch ist, daß in den ersten Beispielen die Hypotaxe sich allein in Betonung und Wortstellung ausdrückt, während die verbindenden Partikeln (Konjunktionen und indirekten Fragewörter) meist latent bleiben. — In den ersten Monaten des vierten Lebensjahres kamen noch Final- und Konsekutivsätze hinzu; Beispiel: „Ich wer halten, daß de besser nähen kannst.“ „Puppe hat mich estört, daß ich nicht schlafen konnte.“

Zu derartigen syntaktischen Aufzeichnungen fehlen Parallelbeobachtungen an anderen Kindern noch so gut wie vollständig, hier wäre daher eine Vermehrung des Materials durch andere Forscher besonders erwünscht.

Diskussion:

Herr Wendt: Ich möchte erwähnen, daß wir uns auch in Österreich auf dem von Herrn Dr. Stern behandelten Gebiete betätigt haben. Er wird wohl auch einräumen, daß nicht bloß die Eltern sondern auch die Großeltern, besonders wenn der Großvater ein Psycholog und die Mutter eine ihm mit Verständnis entgegenkommende Dame ist, zur Beobachtung der Sprachentwicklung des Kindes geeignet sind. So habe ich durch ca. 2 Jahre meine sehr intelligente Enkelin beobachtet und spreche mit sorgsamer Berücksichtigung des Milieu, des Gesundheitszustandes, der vorhergegangenen Tätigkeit (ob sie ermüdend war), und mit Rücksicht auf die Neigungen des Kindes. Dies ist für die Sprachentwicklung wichtig, denn ich stimme mit Herrn Dr. Stern darin überein, daß die Sprache als tönende Ausdrucksbewegung zunächst Ausdruck der Gefühle, Affekte und Begehrungen ist. Zugleich habe ich noch die Entwicklung des Gehörs beobachtet und gefördert, da dies mit der Sprachbildung eng zusammenhängt. Schließlich muß man, worauf schon Strümpell hingewiesen hat, den durch die physiologische Resonanz, den Nachahmungsdrang erworbenen Sprachschatz und den, welchen das Kind als Mittel zur Bezeichnung seines Willens und der Dinge kennen lernt, unterscheiden. Dem Herrn Dr. Stern pflichte ich auch bei, daß man bei den angeblichen Urschöpfungen kindlicher Worte bei genauem Nachspüren findet, wie das Kind zu dieser scheinbaren spontanen Sprachschöpfung gekommen ist. Schließlich füge ich dem Wunsche, daß die Eltern die Sprachentwicklung der Kinder in weiterem Umfange als seither zum Gegenstande ihrer Beobachtung machen möchten, noch den Rat bei, das in einer Weise zu tun, daß das Kind dabei Vergnügen empfindet.

Herr Wreschner: Ich fand bei meinen Assoziationsversuchen, daß auf abstrakte Reizwörter das $3^3/_4$ jährige Kind stets mit Klangassoziationen, namentlich Reimen antwortete, während das $5^3/_4$ jährige Kind fast immer fragte: Was ist das? Die Tendenz zu Klangassoziationen ging bei dem ersten Kinde so weit, daß sich selbst sogenannte mittelbare Assoziationen nachweisen ließen (Traum-[Trauben-]essen).

Herr Kinkel: Die Ausdeutung des Materials schien manchmal von zu hohem Standpunkte zu geschehen, z. B. das Auftauchen der Vorstellungen „artig“ und „unartig“ wurde mit dem Verhältnis von Konkretem und Abstraktem in Zusammenhang gebracht, beruht aber wohl einfach auf Nachahmung.

Herr Ament: Ich freue mich, daß Herr Stern mit meinen Untersuchungen in so vielen Punkten übereinstimmt, da seine Beobachtungen umfassend und sorgfältig sind. Solche Beobachtungen werden für alle Zeiten wertvoll sein, doppelt wertvoll aber heute, wo wir noch im Anfang stehen.

Recht hat er mit seiner Forderung, daß man das Kind länger beobachten müsse als bisher. Es ist sogar zu fordern, daß man das

Kind bis zum Eintritt der Pubertätszeit, einschließlich der durch diese bedungenen Umgestaltung des Seelenlebens, also etwa bis zum 21. Lebensjahre beobachtet. Recht hat er auch, wenn er sich in dem Streite: Ursprünglichkeit oder Nachahmung, zu Gunsten beider entscheidet und die Ursprünglichkeit — zum Teil richtig — als eine „Verarbeitung der Nachahmung" beschreibt. Daß Lalllaute, Interjektionen und Onomatopoetica aber Ursprünglichkeiten ganz anderer Form darstellen, hat er hier übersehen. Recht hat er schließlich auch noch, wenn er sagt, daß Meumann in der Verwerfung intellektualistischer Bedeutungen zu weit gegangen sei. Denn wir finden unter den ersten Wortbedeutungen des Kindes zwar viele emotionale und volitionale, aber auch schon intellektualistische. Insbesondere werden durch die Annahme e. und v. Bedeutungen meine „Urbegriffe" nicht hinfällig. Hinsichtlich einer Bemerkung Sterns möchte ich erwidern, daß ich nicht Onkel, sondern Vetter der von mir beobachteten Kinder war, und daß die Familie dieser Kinder und meine Familie ein ganzes Haus in vereinigtem Haushalt bewohnten, so daß ich den Kindern immerhin so nahe stand, wie Vater und Mutter.

Herr Elsenhans: Die gewöhnliche Beobachtung zeigt doch, daß das Kind von Anfang an ein theoretisches Interesse hat. Es ist im höchsten Grade neugierig; es will wissen, wie Gegenstände, die für dasselbe praktisch-affektiv ohne Bedeutung sind, heißen; es zerstört Gegenstände, die als Ganzes ihm wertvoller wären, bloß um zu erfahren, was dahinter ist. Will Kollege Stern solche Beobachtungen völlig abweisen?

Herr Watt hält die Berücksichtigung der Phonetik in der Kindesforschung für wünschenswert, ja vielleicht unerläßlich.

IX.

Kriminalpsychologie.

Zur Psychologie der Aussage.

Von

Marie Borst.

Unter den methodologischen Schwierigkeiten, welche sich auf dem Gebiete der Aussageforschung ergeben, dürfte die Frage nach einer möglichst einwandfreien Zählung der gewonnenen Aussageelemente eine der wichtigsten sein.

Schon Binet und Henri haben in ihrer Untersuchung über „das Gedächtnis für Sätze bei Kindern“ hervorgehoben, daß ein Vermeiden aller Willkür bei einer Schätzung von Aussageelementen schlechthin unmöglich sei und andere Aussageforscher kamen zu ähnlicher Einsicht.

Ich habe nun in meiner Untersuchung über die Möglichkeit einer Erziehung der Aussage versucht, einen möglichst einwandfreien und einfachen Zählungsmodus zu finden, der dem qualitativ so unendlich differenzierten Material gegenüber als feststehender Wegweiser dient.

Vorausschicken muß ich, daß meine Versuche angestellt sind an 24 Personen: zwölf Damen und zwölf Herren, im Alter von 18 bis 49 Jahren, welche alle den gebildeten Ständen angehörten. Als Versuchsobjekte dienten einfache, sehr deutliche farbige Bilder. Jede Versuchsperson mußte sich einer Reihe von fünf Experimenten unterziehen und nach jedem Experiment wurde ihr das Bild wieder vorgelegt, damit sie sich von der Fehlerhaftigkeit ihrer Aussage überzeuge. — Jedes einzelne Experiment bestand aus drei Teilen: 1. Die Exposition des Bildes, die eine Minute lang währte. 2. Der Bericht, d. h. das freie Erzählen des früher Gesehenen. Dieser Bericht wurde nicht in direktem Anschluß an die Exposition des

Bildes gefordert; das Zeitintervall, welches zwischen diesen beiden Teilen des Experimentes lag, betrug abwechselnd drei und neun Tage. Die Versuchsperson mußte nach beendetem Bericht betonen, was sie eventuell mit einem Eid zu belegen im stande sei. Den dritten Teil des Experiments bildete das Verhör, das sich unmittelbar an den Bericht anschloß und das an der Hand einer, die Elemente des Bildes möglichst erschöpfenden Protokollliste geführt wurde. Die gewonnenen Aussageelemente wurden alsdann in eine weitere Liste eingetragen, die Kolumnen aufwies für die verschiedenen Fehlerarten, für Sicherheiten und Unsicherheiten und die außerdem die Elemente einteilte in logische Kategorieen, wie: Objekte, Merkmale, Räumliches, Handlungen, Zahlen und Farben.

Um die Richtigkeit einer Aussage zu bemessen, muß dieselbe verglichen werden mit einer anderen Aussage, die ich als Normalaussage bezeichne. Wenn ich die gemachte Aussage mit der Normalaussage vergleiche, wird dieselbe nicht in allen ihren Teilen als richtig bewertet werden können, sondern sie wird teilweise als recht und teilweise als falsch zu gelten haben. Welches sind nun aber die Teile, die dieses teilweise recht und teilweise falsch bedingen? Diese Teile sind nicht psychologische Elemente, sondern logische Elemente, also Begriffe. Es gilt also festzustellen, wie viele logische Elemente die gemachte Aussage umfaßt.

Vorerst aber gilt die Frage: wie viele logische Elemente schreibe ich der Normalaussage zu? Ich schreibe ihr ebenso viele zu als selbständige Begriffe in ihr enthalten sind. Da aber nun jede speziellere Art die Gattung in sich einschließt, bin ich gezwungen, immer die speziellste Bezeichnung zu verlangen, um eine gemachte Angabe als richtig bewerten zu können. Was hat aber als das Speziellste zu gelten? Für die Aussageforschung mit ihrer Tendenz auf eine praktische Anwendungsmöglichkeit sind die praktischen Prinzipien im allgemeinen maßgebend; ein genaueres Kriterium aber gibt mir der Grundsatz: soweit die Versuchsperson das speziellere weiß, muß sie das Speziellere auch sagen. Nun gibt es Fälle, in welchen die Versuchsperson die speziellere Angabe nicht kennt; wie verschaffe ich mir nun Gewißheit, ob dies der Fall ist oder nicht? Ich erhalte hier Aufschluß durch das Verhör. Im Verhör wird die Versuchsperson durch die Frage nach der spezielleren Bezeichnung gezwungen, sich in positiver oder negativer Weise zu äußern. Weiß sie auf die gestellte Frage die speziellere

Angabe zu machen, so beweist mir das, daß die im Bericht gegebene, ungenaue Angabe nicht auf Unkenntnis der Sache selbst, sondern auf einem Mangel an Gründlichkeit beruht, und ich bin berechtigt, diese Angabe als einen Nichttreffer zu bezeichnen. Kann sie aber die gestellte Frage nicht beantworten, d. h. kann sie selbst nach nochmaligem Vorzeigen des Bildes die speziellere Angabe nicht machen, so gibt mir das das Recht, die ungenaue Angabe doch als richtig zu bewerten. Wie steht es aber mit jenen Fällen, in welchen die Versuchsperson statt der spezielleren Angabe eine ganze Reihe von Attributen angibt? In solchen Fällen gilt der Grundsatz: ich rechne als einen Begriff alles, was in der Sprache durch ein Wort bezeichnet wird; ich rechne nicht als einen Begriff, was erst durch Zusammenfügen von Attributen zu einem Spezialbegriff konstituiert wird. Daraus folgt, daß bei denjenigen Dingen, die ich als einen Begriff rechne, das Maximum der Treffer nur eins ist, während das Maximum der Treffer bei Zusammenfügung von Attributen sehr groß sein kann. Dadurch ist der Zeuge, der statt eines Begriffes eine Anzahl von Merkmalen nennt, in Vorteil gesetzt und dieser Vorteil ist praktisch, psychologisch und logisch berechtigt, denn es gehört mehr dazu, bei der Aussage die einzelnen Merkmale aufzuzählen, als sie im Begriff zusammenzufassen.

Für die Farbenangaben galt der Grundsatz: als Treffer gelten nur diejenigen Farbenangaben, bei welchen die richtig genannte Farbe auch richtig lokalisiert wird.

Die Ergebnisse der Untersuchung lassen sich in folgende Sätze zusammenfassen:

1. Die Möglichkeit einer Erziehung der Aussage läßt sich nicht in Abrede stellen. Die gewonnenen Curven bringen diese Möglichkeit für alle einzelnen Aussagefaktoren fast durchweg zum Ausdruck.

2. Der Unterschied der Geschlechter macht sich dahin geltend, daß die Frauenaussage die Männeraussage an Treue und Umfang übertrifft, und daß bei ihr auch der Einfluß der Erziehung mehr zu Tage tritt, als bei der Männeraussage.

3. Die Unzuverlässigkeit der Aussage wächst mit dem Zeitintervall, das zwischen der Exposition des Bildes und dem Bericht liegt, und zwar gilt das hauptsächlich für die Berichtsaussagen. Die Unzuverlässigkeit wächst hier um 0,27 % täglich. Merkwürdig ist, daß sich die subjektive Sicherheit des Aussagenden nicht verändert mit dem Zeitintervall, sie ist gleich groß nach drei und nach neun

Tagen. Die Tendenz zur Eidleistung wächst mit dem Zeitintervall, aber die Treue des Eides nimmt dabei ab.

4. Was die logischen Kategorieen anbelangt, so sind es die Objekte (inklusive Personen) und räumlichen Beziehungen, welche die zahlreichsten und treuesten Angaben veranlassen und im übrigen auch spontan am häufigsten genannt werden. Nach ihnen kommen die Handlungen, Zahlen und Merkmale, die Farbenangaben schneiden in jeder Hinsicht am ungünstigsten ab.

Auf jeden Fall stellen die Ergebnisse der Untersuchung die Erziehbarkeit der Aussage nicht in Frage und es wäre dankenswert, das Problem durch geeignete Versuche an Kindern weiter zu verfolgen.

Diskussion:

Herr Stern: Da ich wegen der vorgerückten Stunde auf den angekündigten Vortrag „Über den gegenwärtigen Stand der Aussageforschung“ verzichten muß, so beschränke ich mich darauf, kurz die Hauptpunkte zu nennen, durch welche das Aussagestadium heute über die Anfänge vor 2 $^1/_2$ Jahren hinausgekommen ist.

1. Während die experimentelle Untersuchung der Aussage zuerst fast ausschließlich unter dem praktischen Gesichtspunkt der forensischen Zeugenvernehmung beachtet und gewürdigt wurde, stellte sich jetzt, namentlich nach Vervollkommnung der Methodik, immer mehr heraus, daß das Aussageexperiment auch für Probleme der reinen Psychologie, sowohl der generellen wie der differentiellen, fruchtbar gemacht werden kann. Über das Wesen und die Differenzierung der geistigen Leistungsfähigkeit, über das Verhältnis von Spontaneität zu Rezeptivität, über Merkfähigkeit und Suggestibilität, über den Unterschied der Geschlechter, den Unterschied der kindlichen Entwicklungsstufen und manches andere hat der Aussageversuch neue Einsichten zu eröffnen begonnen.

2. In praktischer Hinsicht hat sich herausgestellt, daß neben jenen — zuerst beachteten — Fälschungsmomenten der Aussage, die im Aussagenden selber liegen — Phantasie, Unaufmerksamkeit, Mangel an Selbstkritik u. s. w. — diejenigen Fälschungsmomente, die in äußeren Umständen liegen, mindestens die gleiche Beachtung verdienen. Hier kommen vor allem die Suggestionswirkungen in Betracht, welche durch die Art der richterlichen Vernehmungen ausgeübt werden. Nach meinen neueren Versuchen ist die Fehlerhaftigkeit der durch Fragen extrahierten Aussagen etwa fünfmal so groß wie die Fehlerhaftigkeit zusammenhängender Berichterstattung.

3. Während man zunächst den Aussageversuchen lediglich eine negative und destruktive Wirkung auf die Praxis — nämlich Er-

schütterung der Glaubwürdigkeit — zuschrieb, wird jetzt immer mehr ihre positive Bedeutung für die Praxis erkennbar. Gewiß ist es in erster Linie von Wichtigkeit, die allzu große Vertrauensseligkeit urteilender Richter auf das rechte Maß zurückzuführen; so ist z. B. auf Grund psychologischer Befunde mit Bestimmtheit zu behaupten, daß der Objektivitätswert von Kinderaussagen — man denke an die so häufigen sexuellen Beschuldigungen — im Durchschnitt zu hoch eingeschätzt wird. Wichtiger aber noch ist die Aussicht, daß die Ergebnisse dieser Versuche dereinst zu Schritten werden führen können, die eine beträchtliche positive Aufbesserung und Vervollkommnung des Wahrheitswertes von Aussagen mit sich bringen werden. Dies ist zunächst durch Vermittlung der Pädagogik zu erwarten: da, wie schon vorher vermutet wurde und wie es jetzt durch Fräulein Borsts Versuche wahrscheinlich gemacht worden ist, auf die Aussagefähigkeit erziehlich eingewirkt werden kann, so wird sich in Angliederung an den Anschauungsunterricht und andere Lehrstoffe ein Erinnerungsunterricht als erforderlich herausstellen. Aber auch direkt für die kriminalistische Praxis werden positive Forderungen formuliert werden können; die richterlichen Organe werden in viel bewußterer Weise als bisher die in ihrer Vernehmungstätigkeit liegenden Suggestionsmomente meiden müssen; sie werden außerdem, sei es durch Vermittlung psychologischer Sachverständiger, sei es auf Grund eigener psychologischer Schulung, die individuelle Aussagefähigkeit bestimmter Zeugen und den Wirklichkeitswert bestimmter Aussagen besser würdigen können. Endlich werden sich auch die forensischen Institutionen in manchen Punkten den neueren Resultaten anpassen müssen, wozu ja die in Vorbereitung befindliche Strafprozeßreform den günstigsten Anlaß bietet. Als ein Beispiel sei hier nur die Forderung herausgegriffen, daß an Stelle der „Einzel"-Konfrontation die „Wahl"-Konfrontation treten müsse. (D. h.: Gegenwärtig ist bei Konfrontationen üblich, dem Zeugen den Beschuldigten allein gegenüberzustellen mit der Frage: ist es dieser gewesen? Dies Verfahren ist, vor allem wenn der Zeuge ein Kind ist, aber auch in anderen Fällen, von allerstärkster Suggestionswirkung, deren Fälschungskraft gar nicht zu hoch angeschlagen werden kann. Viel mehr Vertrauen aber wird eine Rekognition dann erwecken dürfen, wenn dem Zeugen eine größere Zahl von Personen vorgeführt würde mit der Fragestellung: Ist es einer von diesen gewesen und wenn ja, welcher?)

Die nächsten Aufgaben der experimentellen Aussageforschung werden, nachdem eine Reihe von Methoden jetzt der Hauptsache nach durchgeprüft sind, vor allem darin bestehen, das Material zu vermehren, und zwar nicht nur an Studenten. Hauptsächlich fehlen noch über die Aussagefähigkeit ungebildeter Menschen die Befunde; auch die Kinderuntersuchung muß noch weiter ausgedehnt werden. Für all diese Aufgaben hat der Redner schon öfters organisierte Arbeitsgemeinschaft verlangt und er hofft, daß durch die neue Gesellschaft für experimentelle Psychologie, die sich ja die Veranstaltung von Sammelforschungen zur Aufgabe gemacht hat, dieser Wunsch seiner Verwirklichung näher geführt werden wird.

Herr Wreschner: Begriffe und sprachliche Bezeichnungen sind kein eindeutiger Maßstab; man faßt sprachlich in einem Worte zusammen Komplexe von verschiedenstem Inhaltreichtum. Es muß jede logische wie jede sonstige Bewertung aus der Verrechnung der Resultate ausgeschaltet werden.

Die Überlegenheit der Frauen über die Männer in Bezug auf die Quantität wie Qualität der Aussage fand ich auch in einer neuen, noch nicht publizierten Versuchsreihe bestätigt.

X.
Psychopathologie.

Objektive Psychopathologie.

Von

R. Sommer.

Seit einer Reihe von Jahren hat Sommer sich bemüht, die Psychopathologie aus dem Stadium der Wortstreitigkeiten in das einer objektiven Wissenschaft überzuführen, besonders durch den Ausbau geeigneter experimenteller Methoden. Zu einem exakten Experiment gehören drei Erfordernisse: 1. Messung des Reizes. 2. Messung der Wirkung. 3. Messung des zeitlichen Ablaufes.

Diese prinzipiellen Erfordernisse hat Sommer bei der Untersuchung der diagnostisch wesentlichen Symptome durchgeführt. Seine Methoden beziehen sich I. auf die Registrierung von Bewegungen speziell derjenigen, die als Ausdruck psychischer Vorgänge zu stande kommen. Dabei sind untersucht worden 1. Reflexe und ihre Modifikation unter bestimmten psychophysiologischen Bedingungen, 2. spontane und unwillkürliche Bewegungen, 3. Haltungen und Bewegungen unter bestimmten Versuchsbedingungen; II. auf Objektivierung von Symptomenkomplexen.

Die Methoden stimmen darin überein, daß gleiche Reize in Form von Reihen bestimmter Fragen und Reizworte zur Untersuchung der Orientiertheit, der Schulkenntnisse, des Rechenvermögens, der Assoziationen u. s. w. verwendet werden. Die erhaltenen Reaktionen, auf deren Vergleichung bei verschiedenen Individuen, Krankheitsgruppen und wechselnden Zuständen des Individuums es ankommt, werden qualitativ betrachtet, inhaltlich gruppiert und zahlenmäßig nach den wesentlichen Symptomen auf Kurven übertragen, auf deren Ordinate die Symptome, auf der Abscisse die Zeiten verzeichnet sind.

So gelingt es, den Krankheitsverlauf in Symptomkurven darzustellen. Bei vergleichender Untersuchung ergeben sich mehrfach Beziehungen zwischen verschiedenen Symptomen z. B. zwischen Perseverationserscheinungen und dem Verschwinden der maniakalischen Ideenflucht.

Sommer demonstrierte nun zu I. eine Reihe von Aufnahmen motorischer Symptome in Bezug auf Alkoholismus, Epilepsie, Katatonie, ferner zu II. mehrere Symptomkurven von maniakalischen, epileptischen und paralytischen Geistesstörungen. Die zu diesem Zwecke ausgebildeten Methoden bilden ein zusammenhängendes System von Objektivierungen psychophysiologischer und psychopathologischer Vorgänge.

Literatur: 1. Lehrbuch der psychopathologischen Untersuchungsmethoden. 1899.

2. Diagnostik der Geisteskrankheiten II. Auflage 1901.

3. Beiträge zur psychiatrischen Klinik 1902/03.

4. Kriminalpsychologie und strafrechtliche Psychopathologie auf naturwissenschaftlicher Grundlage 1904.

XI.
Reaktionsversuche.

Über das Hippsche Chronoskop.

Von

N. Ach.

Es wurden mit Hilfe zweier Kontakteinrichtungen die Latenzzeiten einiger Chronoskope bestimmt, das Resultat ist kurz folgendes:

1. Die Latenzzeiten sind unter sonst gleichen Umständen dieselben bei sehr kleinen Zeiten (30—40 Sek.) und bei sehr großen Zeiten (10 Sek.).

2. Durch Stromverstärkung oder Änderung der Federspannung tritt vor allem eine Änderung der Latenzzeit ein, welche beim Schließen des Stromes entsteht. Hierdurch ist es bedingt, daß bei Arbeitsstrom durch Verstärkung des Stromes eine Verlängerung der Zeitangabe des Chronoskopes erhalten wird, umgekehrt bei Ruhestrom eine Verkürzung.

3. Trotz 1. muß die Zeitangabe jedes Chronoskopes einmal graphisch mit zwei verschieden langen absoluten Zeitwerten verglichen werden.

4. Es ist zweckmäßig, hierbei die Latenzzeiten zu bestimmen und das Optimum der Latenzzeiten für die gegebenen Verhältnisse (Federspannung, Stromstärke) festzulegen.

5. Die Bestimmung der Latenzzeiten ist auch deswegen notwendig, weil sie uns Rückschlüsse auf etwaige Ungenauigkeiten in der technischen Konstruktion gestattet.

6. Wenn das geprüfte Chronoskop im einzelnen Falle auf die Kontrollzeit nicht genau eingestellt ist, so hat dies bei geringer mittlerer Variation nichts zu sagen; es ist nur notwendig, daß bei den betreffenden Zeitangaben der positive oder negative Fehler mit in Rechnung gezogen wird.

Mitteilungen über Reaktionsversuche.

Von
H. T. Watt.

Vortragender berichtete über Assoziationsreaktionsversuche, die unter der Herrschaft bestimmter Aufgaben ausgeführt wurden. Diese waren: einen übergeordneten Begriff zu dem im Reizwort bezeichneten untergeordneten Begriff zu finden, ein Ganzes zu dem im Reizwort bezeichneten Teil zu finden und ähnliche. Das Hippsche Chronoskop, der Achsche Kartenwechsler und der Schalltrichter wurden benutzt, um die Dauer der Reaktion zu messen.

Der Verlauf der Versuche zeigte einfache oder mehrfache Reproduktionsrichtung. Die Versuche mit einfacher Reproduktionsrichtung enthielten eine Gesichts- oder Wortvorstellung als Mittelglied in der durch die Aufgabe eindeutig bestimmten Reproduktionsrichtung, oder sie hatten kein Mittelglied, sondern Reizwahrnehmung und Reaktion machten den ganzen Verlauf des Versuchs aus. Die relative Anzahl solcher Mittelglieder hängt von der Aufgabe ab. Die Versuche mit mehrfacher Reproduktionsrichtung waren von zweierlei Art: entweder war die zweite Richtung der Versuchsperson deutlich bewußt, oder die Versuchsperson wußte nur anzugeben, daß sie nach etwas anderem gesucht hätte. Die relative Anzahl der Versuche mit einfacher oder mit mehrfacher Richtung hängt nicht von der Aufgabe ab. Die Dauer der Reaktion ist durchgehend von dem Einfluß der Aufgabe abhängig.

Eine Reproduktion kann allen oder nur einigen Versuchspersonen gemeinsam sein. Sie ist um so rascher, je mehr Versuchspersonen sie gemeinsam ist. Alle Grade der Geläufigkeit werden in ähnlicher Weise von der Aufgabe beeinflußt. Mit anderen Worten, die Aufgabe ist ein Einfluß, der unabhängig von der Geschwindigkeit der Reproduktion wirkt.

Es läßt sich keine objektive Grundlage für eine Wahl auffinden. Der Ausfall einer Reaktion ist bedingt erstens durch die Aufgabe und zweitens durch die relative Reproduktionsgeschwindigkeit konkurrierender Reproduktionstendenzen neben anderen Faktoren, die objektiv konstatierbar sind.

Über den Chronographen und das Tachistoskop von Erdmann und Dodge.

Von

E. Becher.

Der demonstrierte Chronograph hat zwei horizontale Schreibhebel, die parallel zu einem, unter beiden beweglichen, 2 cm breiten Papierstreifen stehen. Beide Schreibhebel tragen vertikale Eisenplatten, und diesen stehen Elektromagnete gegenüber. Der eine dieser Elektromagnete wird nun von einem Strom umkreist, der durch eine elektromagnetisch angeregte Stimmgabel 100 bezw. 250 Unterbrechungen in der Sekunde erfährt. Unter dem Einflusse dieses intermittierenden Stromes gerät der eine Schreibhebel in mit der Stimmgabel synchrone Schwingungen. Auf dem Papierstreifen, welcher durch ein Uhrwerk unter den an den erwähnten Hebeln angebrachten Schreibfedern oder Stiften hinbewegt wird, entsteht so eine Wellenlinie, während der zweite Schreibhebel in der Ruhelage eine gerade Linie zieht. Wird durch den zweiten Elektromagneten ein Strom geschickt, so wird der zugehörige Schreibhebel angezogen und eine Ausbuchtung der Geraden aufgezeichnet. Der Abstand zweier Ausbuchtungen, gemessen in den daneben aufgezeichneten Wellen, gibt die Zeitdifferenz der Stromschlüsse, gemessen in hundertstel bezw. zweihundertfünfzigstel Sekunde. Cfr. R. Dodge: Beschreibung eines neuen Chronographen. Zeitschrift für Psychologie und Physiologie der Sinnesorgane XII, (1895), pag. 414 f.

Bei dem ausgestellten Tachistoskop wird der Umstand benutzt, daß ein Teil einer Linse ebenso ganze Bilder eines Gegenstandes zu entwerfen im stande ist, wie eine ganze Linse. Auf der Mattglasplatte einer Camera wird das zu beobachtende Bild eines Mattglasstreifens entworfen, der die zu exponierenden Buchstaben oder Figuren trägt. Vor der Linse der Camera befindet sich ein horizontaler Spalt, und in geringem Abstande vor diesem ist eine elektromagnetisch auslösbare Fallscheibe angebracht. In der Ruhelage verdeckt die Fallscheibe den Spalt; während des Falles kommt eine horizontale Spalte der Fallscheibe in gleiche Höhe mit der Linsenspalte, und es wird das Bild der Buchstaben bezw. Figuren in der Camera entworfen. Dank der erwähnten Eigenschaft der Linsen kommen alle Teile des Bildes zu gleicher Zeit zu stande (simultane Exposition). Vor der Exposition bedeckt der untere, nach derselben der obere Teil der Fallscheibe die Linsenspalte. Die Mattglasplatte erhält vor und nach der Exposition Licht, welches von der Rückseite der Fallplatte diffus in die Camera reflektiert wird. Durch die Breite der Spalte in der Fallscheibe und durch die Lage derselben wird die Expositionszeit bedingt, die zwischen 10 σ und 100 σ variabel ist bei den von mir angefertigten Scheiben. Man kann leicht ganz beliebige Expositionen erhalten. Sehr kurze Expositionen liefert eine rotierende Scheibe mit Spalt. Auch vielfache Expositionen sind leicht herstellbar. Cfr. Erdmann und Dodge: „Psychologische Untersuchungen über das Lesen auf experimenteller Grundlage".

Ein neues Tachistoskop von Dodge besteht aus einem quadratischen Holzkasten, dessen eine vertikale Kante durch eine Ebene senkrecht zur Diagonalebene abgestumpft ist. Die Schnittfläche ist durch eine Metallplatte verdeckt, die zwei sektorförmige Ausschnitte hat, welche diametral gegenüberstehen, und zwar so, daß ihre Mittellinien auf einem horizontalen Durchmesser liegen. Um den Mittelpunkt der Sektoren ist eine halbkreisförmige Scheibe drehbar. Um die Achse der Scheibe ist eine Schnur mit treibendem Gewicht gewunden. Vor der Exposition wird die Scheibe an einem an ihr angebrachten Stabe so in der Ruhelage festgehalten, daß der eine der Sektoren freisteht, also durch ihn Licht in den Kasten einfallen kann. Dieses Licht wird von einem Spiegel auf ein Blatt Papier geworfen, das die Fixationsmarke trägt. Das so beleuchtete Papier sieht der Beobachter als Spiegelbild einer in der Diagonale des Kastens angebrachten planparallelen Glasplatte, und zwar durch eine Öffnung des Kastens. — Löst man die halbkreisförmige Scheibe, so daß sie eine Umdrehung macht, so wird der bisher offene Sektor bedeckt, der bedeckte aber für eine kurze Zeit geöffnet. Durch ihn fällt Licht auf einen zweiten Spiegel; dieser beleuchtet einen zweiten Papierstreifen, der das zu exponierende Objekt trägt. Dies Objekt sieht der Beobachter durch die planparallele Glasplatte hindurch an der Stelle, an welcher sich die Fixationsmarke durch die Spiegelung abbildete. Die Expositionen an dem neuen Apparate sind simultan, weil bei passender Stellung der Lichtquelle von den Spiegeln die ganzen Papierstreifen beleuchtet werden, sobald ein Teil der Sektoren frei wird.

In Betreff der Nachbilder am Tachistoskop stelle ich fest, daß mein Gegensatz zu Herrn Schumann in der Diskussion zum Teil auf der verschiedenen Verwendung des Wortes Nachbild beruht. Herr Schumann nennt sinnlich lebhafte Nachwirkungen, die eine visuelle Gedächtnisleistung darstellen, Nachbilder. Da es mir darauf ankommt, bei vielen Expositionen die Leistungen des Gedächtnisses gesondert zu haben, erlaube ich mir, abweichend von Herrn Schumann, dem ich in Bezug auf die Beobachtungstatsachen natürlich zustimme, die Zeit dieser Nachwirkungen nicht zur Expositionszeit zu addieren. Deshalb werte ich auch die Genauigkeit des Erdmann-Dodgeschen Apparates höher als Herr Schumann. Ich gebe natürlich zu, daß Aufmerksamkeitsbewegungen über jenes sinnlich lebhafte Gedächtnisbild möglich sind, nicht aber, daß sie während der Exposition einschließlich der von mir in Betracht zu ziehenden Nachbilddauer erfolgen können. In Bezug auf die beweisenden Experimente möchte ich auf meine demnächst in der „Zeitschrift für Psychologie und Physiologie der Sinnesorgane" erscheinende Arbeit hinweisen. Mir scheint ferner, daß die von Herrn Wirth besprochenen Versuche über den Grad der Bewußtheit, bei denen er das Spiegeltachistoskop seiner Konstruktion verwendet, meinen Standpunkt zur Voraussetzung haben; denn sie setzen doch eine Konstanz der Bewußtseinsgrade, auch der Aufmerksamkeit also, während der Exposition des zweiten Figurenkomplexes voraus.